東台灣叢刊之十七

日治時期理蕃政策研究：以東臺灣「集團移住」與「蕃地稻作」為例

何佳龍　著

中華民國一一一年二月二十八日

東台灣研究會

本書出版蒙
曹永和文教基金會 贊助
謹誌並申謝忱

推薦序

　　與佳龍結緣始於本人開授的「臺灣產業史專題研究」的課程上。課程設計除了研讀、討論規定的相關史料文獻外，本人亦要求每位修課同學選擇一項有興趣的臺灣產業史領域，成為課程期末論文題目。佳龍選擇了以〈日治時期理蕃政策研究：以東臺灣「集團移住」與「蕃地稻作」〉為題，作為課程學期論文，進而發展為其碩士論文，最後承蒙東台灣研究會的肯定，方有本書的出版。

　　佳龍師在本所求學期間，本人忝為其指導教授，近距離觀察佳龍這段期間的生活節奏，一方面需照顧好服務學校的課程與學生，另一方面則需完成畢業學分與論文寫作，特別值得一提的是兩位可愛的寶貝也前後在此階段報到，這對佳龍與馨儀伉儷而言，勢必是人生中精彩且難忘的一頁。

　　時間緊迫雖然是種壓力，但對佳龍而言，卻可轉化成推力，週末假日與寒暑假積極參與學術研討會，沈潛各大圖書館耙梳資料，終於如期完成碩士論文書寫。本書的特色，著重於東部臺灣因中央山脈分隔，自然環境的迥異，致使行政機關的設置、族群分布的比例，或是各項政策的施行，皆與西部有明顯差別，論述殖民政府藉由「集團移住」與「蕃人授產」，逐步完成理蕃拓殖的過程，旁徵博引，論證有據，精彩可期，推薦為序。

國立彰化師範大學歷史學研究所助理教授

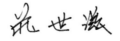

謹誌於白沙山莊 2022 年元月

作者序

在國民中學擔任地理老師的我，其實從小反而是對歷史更感興趣。在校服務了 6 年之後，不曉得哪兒來的勇氣，決心重拾書本，踏入歷史領域重新學習。感謝臺中市立大雅國中給予我一邊教書一邊進修的機會，而在彰師大歷史所攻讀碩士的 3 年學習歷程是緊湊而紮實的。這段開著車穿梭於臺中與彰化的路，會是我難忘的人生回憶。

本著作能夠付梓，首先要感謝東台灣研究會，願意給予對於東部臺灣文史領域有興趣的研究生一個發展長才的機會，也感謝協助東台灣研究會審查論文的二位匿名審查委員，您們的建議與提點，給予了本文精益求精的空間，使加以修正後的論文更臻完美。

感謝碩士論文指導教授莊世滋老師，修習莊老師的課程期間，讓我靈光乍現，找到了自己極度感興趣的論文題目，而老師也給予我極大的空間與彈性，本論文才得以順利完成。莊老師無論學養風範與待人接物上，都令人尊敬，在此對指導教授致上最大的敬意與謝忱。

論文口試期間，承蒙陳鴻圖教授及鄭安睎教授願意撥冗指導。兩位教授在東臺灣研究以及對於日治時期理蕃政策等研究領域中，皆是執牛耳者。陳教授與鄭教授在口考時所給予的精闢建議與指正，更提供許多思考方向，使本文更臻完善。

感謝大雅國中好同事暨彰師大歷史所好同學恩照，研究所修課期間在學業上的切磋，撰寫論文時彼此的鼓勵與打氣，最後口考時

的相挺。感謝碩班同學竟寧大方指導歷史 GIS 的繪製技巧，即使我一開始一竅不通但仍然耐心指點。

最後要感謝太太馨儀，讀碩班的這 3 年，剛好兩個孩子出生。在這家庭生活變動最大的時刻，有時因為學業的關係，在妳最忙碌的時候，我反而沒辦法適時幫上忙，內心十分歉疚。但太太仍默默陪伴與支持，讓我撐過了苦澀的論文撰寫期間。論文口試前，身為歷史碩士的妳也給予我不少建議，真的幫上了很大的忙呢！還有可愛的兒子昱辰與女兒悅菱，本文寫作期間，正好是你們從嬰兒到幼兒的成長期間，看到你們從爬到走，不變的是可愛的笑容，總能瞬間讓我充飽電。臺北的爸媽和妹妹也時常鼓勵我要努力拚下去。感謝家人們，你們是我努力完成論文與學業的最大動力。

朋友們常開玩笑對我說道：「讀完了碩班，除了一雙兒女之外，你還多了第三個孩子－誕生了屬於自己的一本著作！」以上純屬笑談。在本書即將付梓之際，的確內心是有著如同當年迎接兒女來到世上的感動呢。

何佳龍 謹誌
2022 年元月

目　次

表　次

圖　次

第一章　緒論

第一節　研究動機與目的

　　南安部落，位於花蓮縣卓溪鄉卓清村，海拔高度不到 300 公尺。地勢四面環山，是玉山腳下的第一個布農族部落，也是前往瓦拉米步道與八通關古道的必經之地。玉山國家公園在此設有東部唯一的遊客中心。[1]布農族人利用盆地上游拉庫拉庫溪水，灌溉山谷中畦畦相連的水稻田。一望無際的黃金色稻浪聞名與綿延的壯麗群山，是南安部落的必看景色，吸引著觀光客前來此地遊覽駐足。筆者也曾於 2018 年夏天帶著家人前往此地旅遊，看著翠綠將要結穗的水稻田，我的心中卻浮現著一個問題：布農族人不是以小米為傳統作物嗎？筆者曾於蘭嶼服役，在役期也曾結識不少居住於花蓮、臺東的原住民朋友們，因此清楚了解卓溪鄉是山地鄉，以布農族為主要族群。但他們的農業生產模式，卻是何時轉為以水稻為主呢？而非縱谷平原的山地區域，原本就有稻作農業嗎？

　　「東部臺灣」的「山地」在歷史上的發展一直有其獨特性。清代之後，臺灣內部逐漸分化成三大區域。[2]這些區域的自然條件不同，人文景觀和地域社會形態，差異甚大。日治時期，臺灣總督府

---

[1] 「臺灣原住民資訊資源網」，網址：
http://www.tipp.org.tw/tribe_detail3.asp?City_No=19&TA_No=4&T_ID=60，
引用日期：2020 年 6 月 9 日。
[2] 施添福，〈日本殖民主義下的東部臺灣─第二臺灣的論述〉，《臺灣風物》67(3)：2017，頁 57。

採取因地制宜的統治方式和殖民政策。其中第二臺灣，即東部臺灣，位居中央山地以東，番界線以內。地理形勢封閉，且適耕地有限。至日本領臺時，仍以平地原住民爲人口主體，施行粗放或游耕農業爲主。東部臺灣高度的孤立性，使得臺灣總督府選擇在此地興辦農業殖民，成爲唯一的移住型殖民地。[3]第三臺灣，位於日治時代特別行政區域，即蕃地。臺灣總督府採取設置隘勇線圍堵，並由蕃地警察執行直接統治；而區內的土地全屬國有，資源亦全歸國家，是一片由帝國獨占山林的殖民地。[4]

　　原住民的土地所有權問題，一直是臺灣歷史上爭論已久的議題。原住民的文化特性、領域守禦與對外來者的排拒，成爲加劇漢人入殖困難的人文因素，只能在平原與山地之間隱然形成難以跨越的界線，此爲族群文化與空間結構交相影響的結果。[5]清帝國初期採取「爲防臺而治臺」，將土牛紅線內的內山地區視爲「化外之地」。19 世紀中葉，臺灣開港，樟腦、茶葉的種植與輸出，不但促使漢人的農墾範圍從平原東推至近山地區，經濟作物在國際貿易所扮演的重要角色，也讓臺灣躍上了世界的舞臺，提升了國際能見度。垂涎臺灣許久的日本利用牡丹社事件出兵臺灣。19 世紀末，開山撫番政策的施行，清帝國試圖以國家力量進入番地，利用「官隘」取代「民

---

[3] 施添福，〈日本殖民主義下的東部臺灣─第二臺灣的論述〉，頁 59。
[4] 施添福，〈日本殖民主義下的東部臺灣─第二臺灣的論述〉，頁 60。
[5] 詹素娟，〈歷史中的原住民土地問題〉，「104 年原住民族土地權利保障研討會」，監察院主辦，2015 年 7 月 31 日，頁 43。

隘」；臺東直隸州的成立，儘管在制度上解放了「界外番地」的封
鎖性，[6]但「第三臺灣」的自然與人文限制仍然存在。

進入日治時期，明治 28 年（1895）9 月，臺灣總督府首任民
政局長水野遵在施政報告《臺灣行政一斑》中，將臺灣的地表分為
「既開地」與「蕃地」，人民則有「土人」及「蕃人」。[7]「蕃人」
即居住於「蕃地」的住民，與「蕃地」一起被視為殖產事務的對象，
成為山林開發的主要對象與地點。明治 42 年（1909），總督府將
管轄東臺灣的臺東廳分割為臺東、花蓮港兩廳。並思考以東臺灣作
為移民地區。明治 43 年至大正 14 年（1910-1925），總督府針對
臺灣東部土地及林野地帶，展開林野調查及地籍整理工作。[8]明治
43 年（1910），總督府擬定「臺東花蓮港兩廳管內土地整理二關
スル原案」，[9]試圖將東臺灣土地進行完整的分配規劃，並整理原
住民的耕地、確定內地移民預定地以及規劃適合做為農耕、造林的
土地等。[10]將東臺灣的土地分為：「指定內地移民豫定區域」、「土
著部落整理區域」、「別途處份區域」、「其它豫察濟區域」。[11]
針對蕃人，總督府推算出每戶需耕地 2 甲 7 分、放牧地 1 甲，合計

---

[6] 詹素娟，〈歷史中的原住民土地問題〉，頁 43。

[7] 陳錦榮編譯，《日本據臺初期重要檔案》（臺中：臺灣省文獻委員會，1978），
頁 126。

[8] 李文良，〈土地行政與契約文書．臺灣總督府檔案抄存契約文書解題〉，
《臺灣史研究》11(12)：2004，頁 227。

[9] 「臺東花蓮港兩廳管內土地整理二關シ決議ノ件」（1910 年 6 月 1 日），
〈明治四十三年臺灣總督府公文類纂十五年保存第六十二卷殖產〉，《臺灣
總督府檔案》，國史館臺灣文獻館，典藏號：00005322015。

[10] 李文良，〈林野整理事業與東臺灣土地所有權的成立形態（1910-1925）〉，
《東台灣研究》2：1997，頁 162。

[11] 詹素娟，〈歷史中的原住民土地問題〉，頁 52。

3 甲 7 分的標準，再依據天然地形計算出各部落需要的總面積，規劃原住民可使用土地集中整理於部落附近，限制原住民擁有大片土地資源。[12]

　　當總督府有效控制住臺灣平地的抗日活動後，便開始將力量投注於「理蕃」上。其目的除了政治上的有效統治外，經濟層面也是一大因素。「樟腦」的開採可說是最大的關鍵，因有巨大利益可圖，吸引了漢人與日本人前仆後繼進入淺山丘陵區，也免不了在逐利的過程中，與早已世代居住於山區的蕃人發生衝突。對臺灣總督府而言，「蕃害」不但會使得樟腦的開採出現停滯，不利於出口事業，更會造成生命及財產上的損失，蕃人的叛服無常，令總督府困擾不已。高山林地能否有效控制，也關係著總督府的林野事業與經濟能否有效獨立自主。比較清代的「開山撫番」與日治時代的「理蕃政策」，二者雖然在執行上有所差異。但在本質上，都是為了確保產業利益，不惜以國家力量來動用資本與軍事武力，強硬武力與懷柔措施兼用的兩手策略，來對付蕃人以期能控制土地與資源。

　　由此可知，理蕃事業不只是「蕃政」，更是「林政」與「拓殖」，因此，歷任臺灣總督無不將理蕃視為一大課題，歷經不同時期與不同的方針。曾嘗試以警察機關、產業機關、專賣機關分別主管蕃人、蕃地及樟腦事務，但始終無法有效地統治。明治 36 年（1903）起，蕃地與蕃人事務統一由警察主管，並建置「隘勇線」與「駐在所」，企圖達到完全掌控蕃地並有效統治蕃人。蕃地警察是日本帝國權力

---

[12] 詹素娟，〈歷史中的原住民土地問題〉，頁 53。

的執行者，除了治安行政之外，更須擔任授產、教育、經濟、衛生醫療上的指導者角色。[13]

大正 3 年（1914），總督府囑託丸井圭治郎向佐久間總督提出《撫蕃ニ關スル意見書》，針對蕃人提出撫育政策。內容包含教育、衛生、授產、蕃社合併與遷移、土地調查等。其中「蕃人授產」政策著重於將長年狩獵的蕃人，馴化成農民。[14]「授產」與水田農業關係密切，最主要目的為謀求蕃人生活的安定，而生活安定的重點，在於衣食充足。從理蕃的觀點來看，讓深山蕃人集團移居山腳地帶固定可耕地，或者是在原蕃社其地形上具有固定可耕地，可積極地指導授產的蕃社。[15]就官方的立場而言，讓蕃人逐漸捨棄狩獵與燒耕農業，逐漸轉向定耕與集約農業，同時改善耕地利用的方法。

如上所述，為了能夠順利推行水田農業，並追求穩定的產量，1930 年代起，總督府強勢主導「集團移住」政策，藉由移居較低海拔土地，讓蕃人更能配合官方政策，成為帝國殖民地中農耕產業的一份子，並且進而改變蕃人社會的農業結構與經濟型態。

除了水田之外，總督府也因地制宜，指導蕃人種植陸稻、養蠶、畜牧，乃至於小米、玉蜀黍、甘藷、甘蔗、蓆草之栽種。並且設置產業指導所，由蕃地警察擔任指導者。並且設立交易所，進行官方

---

[13] 林一宏，〈從「開山撫番」到「理蕃」：樟腦產業與隘勇線的演變〉，《臺灣博物季刊》，107：2010，頁 20。

[14] 丸井圭治郎，《撫蕃ニ關スル意見書》（臺北：臺灣總督府民政部蕃務本署，1914），頁 3。

[15] 竹澤誠一郎，〈蕃地農村は如何に集團行程せしむべきか〉，《理蕃の友》
1(5)，頁 10。

所准許之金錢與農產品的買賣。以蕃地的警政體系，由理蕃警察在蕃地以軟硬兼施的手段加以推行。[16]

　　東臺灣的漢人與原住民分布比例較為平均，原住民當中，又有阿美族、太魯閣族、賽德克族、卑南族、排灣族、布農族與魯凱族等族群，各有各自的文化與生產習慣。過去日治時代的理蕃政策對於花東二地今日之影響，是相當深遠的。然而現今山地部落的社會結構與產業型態，是否也受到集團移住與授產教化政策之影響呢？

　　總督府的理蕃政策，其方針亦隨著時代與重大事件之發展，而有著不同階段的演變，早期以軍事及武力強力鎮壓，次一階段在蕃地設置駐在所，並且在佐久間左馬太總督的五年理蕃事業後，持續的鋪設建立理蕃道路。[17]但考慮經濟層面與效益後，總督府逐漸由強勢鎮壓轉為撫育教化的手段，以國家力量強勢介入，動用官方力量開始對原住民進行教化與授產，當然主要著眼於經濟生產，但是不是也代表著，總督府嘗試了各種不同的手段，試圖從中選擇出最具經濟效益的方式，有效控制蕃地與蕃人，進而順利取得山地資源呢？授產政策中，最為官方重視的是蕃地的水田農業，其實施成效是否符合預期？又有哪些自然條件的限制？是否所有族群的原住民都順利拋棄既有之生產模式，成功轉型為帝國下的農耕者呢？

　　現有對於「集團移住」的研究回顧大多著眼於流域或部落等小區域。然內務局在大正9年（1920）公布〈蕃人移住地及耕作地等

---

[16] 丸井圭治郎，《撫蕃二關スル意見書》，頁 68。

[17] 藤井志津枝，《臺灣原住民史 政策編》（南投：臺灣省文獻委員會，2001），頁 91-92。

ニ關スル件〉，規定「蕃地內新設之蕃人移住地及耕作預定地得由總督認可」。據此，主管土地處分的內務局及主管理蕃事務的警務局，會是首要的主管機關。因此，本研究著眼於「東臺灣」這個較大的區域，而非流域或部落等小區域，即是想要了解〈蕃人移住地及耕作地等ニ關スル件〉公布後，地方主管機關如何統合與規劃行政區下的集團移住政策。

本文將蒐集現有的研究成果，檢視日治時代官方檔案與出版品，並結合歷史地理資訊系統繪製歷史地圖，重新究明「集團移住」政策之實施時空背景，該政策在花蓮港廳與臺東廳的施行情況，蕃社的遷移對於蕃人生活方式所造成的正負面影響與衝擊。並分析花蓮港廳與臺東廳的「蕃人授產」實行成績，以水田為主的定耕農業是否有效改變蕃人的經濟型態與生活方式。而蕃地水稻與陸稻的栽種，是否與部落所在自然環境或族群不同而有所差異？

第二節　研究回顧

一、日治時代理蕃政策之研究

關於日治時期理蕃政策的演進，石丸雅邦在〈台灣日本時代的理蕃警察〉論文中，將理蕃政策分為撫蕃時期、討蕃時期、治蕃時期和育蕃時期四大時期。作者指出，撫蕃時期因總督府不了解蕃人而無法建立理蕃政策，屬於消極性的放任態度；討蕃時期開始，才

是眞正的治理。而本研究中所討論的「集團移住」與「蕃人授產」政策，主要屬於治蕃時期、和育蕃時期。[18]

藤井志津枝〈理蕃：日本治理台灣的計策〉，該書可說是臺灣學界研究日治時代理蕃政策的首要著作，主要談論自樺山資紀至佐久間左馬太以來，歷任總督對於理蕃政策的階段發展及其對蕃人的影響，部分章節涉及東臺灣，並且有談論到總督府對於蕃地治理的態度如何轉變。[19]

李文良〈帝國的山林－日治時期臺灣山林政策史研究〉，以林業的角度探討總督府的理蕃調查與集團移住，日本藉由經營山林資源來逐步掌控「蕃地」的原住民。文中對於「森林計畫事業中」如何將臺灣的山林劃分爲要存置林野、準要存置林野與不要存置林野，有著詳細的解釋；此外，作者也致力於研究討論總督府的大型集團移住計畫。對於山地開發調查計畫導致日本企業如何進入臺灣山林，也有著系統性的整理。[20]

林素珍〈日治後期的理蕃--傀儡與愚民的教化政策(1930-1945)〉主要探討日治時代後期的理蕃政策，指出總督府一直以是「操縱控制」手段，達到獲取山地資源的經濟目的。霧社事件發生象徵撫育政策失敗和操縱控制手法的粗糙，才使得日本當局得以徹底檢討理蕃政策。利用蕃地警察的教化方針，開始培養蕃通人才，更加謹慎

---

[18] 石丸雅邦，〈台灣日本時代的理蕃警察〉（臺北：國立政治大學政治研究所博士論文，2008）。

[19] 藤井志津枝，《理蕃：日本治理台灣的計策》〉（臺北：文英堂，2001）。

[20] 李文良，〈帝國的山林－日治時期臺灣山林政策史研究〉（臺北：國立臺灣大學歷史學研究所博士論文，2001）。

從理解蕃情去教化原住民。理蕃政策最低層的目標係維持部落民族
的安定，其主要意義在於穩定整個日本帝國在臺灣的統治。但教化
的內涵隨著日本對外的擴張，在「國家利益」為前提下，漸次改變
帝國對原住民的教化目標。也因為國家利益的考量下，總督府試圖
以教化與授產的方式影響並控制原住民部落。[21]

二、理蕃道路與隘勇線之研究

鄭安晞在〈日治時期隘勇線推進與蕃界之內涵轉變〉中，將隘
勇線的演進分為民、官隘並存與隘線退縮階段、小規模整理、恢復
清末隘線與納入警察管理階段、大規模推進隘勇線與包圍原住民聚
落階段、軍警聯合討伐與隘勇線深入蕃界階段、後隘勇線推進階段
與理蕃道路取代隘勇線時期。隨著原住民情勢平穩，官方漸次裁撤
大部分隘勇線，取而代之是新規劃的「理蕃道路」。北部區域隘勇
線推進，南部區域設置「蕃務官吏駐在所」，逐步將「蕃地」納入
國家行政治理。藉由研讀對隘勇線以及蕃界相關的論文，可以更清
楚了解實施移住與授產政策之前的時間脈絡與官方態度。至於在東
臺灣部分，作者指出，花蓮與臺東地區的隘勇線不像西部隘勇線具
有部分蕃界功能，在大正年間所施設的隘勇線（後改稱警備線），
也僅具有防禦與阻絕布農族的功能。[22]

[21] 林素珍，〈日治後期的理蕃--傀儡與愚民的教化政策（1930-1945）〉（臺
南：國立成功大學歷史學研究所博士論文，2002）。
[22] 鄭安晞，〈日治時期推進隘勇線與蕃界之內涵轉變〉，《中央大學人文學
報》，50：2012，頁 131-208。

　　吳秉聰〈佐久間左馬太總督之前期理蕃〉指出,官方展隘勇線,以內外來區隔原住民是否歸順。線內准予交換物品。歸順者必需繳交火槍,以示臣服。佐久間總督對北蕃的甘諾政策以軟硬兼施、威脅利誘,企圖佔領「蕃人」的土地財產,結果因漢蕃聯合抗日而受挫;對南部原住民則以易為先進行撫育,整體而言,其撫育是成功的。然而,以武力征伐所付出的代價亦高,因此開始讓總督府思考,是否有更經濟的方式得以控制蕃地。[23]

　　顏秉倫在〈由「化外」到「實土」:以清末、日治時期東臺灣的理蕃道路為中心〉文中提到,日治時期,總督府在東臺灣的擴張可分成兩個階段。先是廣設隘勇線,封鎖山地以確立其在平地的統治,後期則轉向山地擴張,開築並整建了多條理蕃道路,更能有效掌控局勢。在駐在所出現之前,理蕃道路扮演了相當重要的角色,因此有必要加以了解。[24]

　　林一宏〈從「開山撫番」到「理蕃」:樟腦產業與隘勇線的演變〉指出,官廳以隘勇線達成控領山地的初期目標後,開始興建沿著溪谷山腰繞行,貫穿山地諸部落的警備道路,兼具行政管理、教育、以製腦為主的產業經濟、衛生醫療等功能,也吸納了警備線(隘勇線)的警備任務。而警備線因任務被駐在所取代,多數據點偏遠且遠離部落,不利於「教化撫育」工作,故改制為駐在所後,在短

---

[23] 吳秉聰,〈佐久間左馬太總督之前期理蕃〉,《北市教大社教學報》,6:2007,頁 75-118。
[24] 顏秉倫,〈由「化外」到「實土」:以清末、日治時期東臺灣的理蕃道路為中心〉(嘉義:國立中正大學歷史研究所碩士論文,2017)。

時間內隨即被裁撤而消失殆盡。[25]以駐在所控制蕃社後，更有利於
官方推動對蕃人之「撫育」政策，如集團移住。

三、集團移住政策之研究

臺灣總督府技師岩城龜彥對於理蕃政策不僅是執行者，對於授
產與集團移住也有獨到的見解，其著作《臺灣の蕃地開發調查に就
て》內容介紹蕃地開發調查之執行細項與期程。[26]《奧地蕃人集團
移住問題の檢討》則是提出，將深山蕃人移住到低海拔駐在所附近，
所會遇到的適應與農業問題。[27]

胡曉俠〈日據時期理蕃事業下的原住民集團移住之研究〉，將
日治時期的理蕃政策依年代分為，理蕃前期、威壓理蕃時期、威撫
理蕃時期及新理蕃時期，並依序介紹集團移住的不同政策演進。閱
讀此論文，可以對日治時期集團移住政策有著通盤的基本認識。[28]李
敏慧以卑南溪流域布農族為個案，研究其在日治時期集團移住政策
下，移住狀況與社會重建之情形。集團移住完全改變了卑南溪流域
布農族原本的聚落分布型態。位於崇山峻嶺中小而分散的部落，被
位於中央山脈和臺東縱谷交界處山腳以及今南橫公路沿線的集團
部落完全取代，也使得布農族傳統生計活動由輪耕狩獵轉為定耕農

---

[25] 林一宏，〈從「開山撫番」到「理蕃」：樟腦產業與隘勇線的演變〉，《臺
灣博物季刊》，107：2010，頁 18-25。
[26] 岩城龜彥《臺灣の蕃地開發調查に就て》（臺北：理蕃の友發行所，1933）。
[27] 岩城龜彥，《奧地蕃人集團移住問題の檢討》（臺北：理蕃の友發行所，
1935）。
[28] 胡曉俠，〈日據時期理蕃事業下的原住民集團移住之研究〉（桃園：中
原大學建築研究所碩士論文，1996）。

業。[29]可以說，蕃地的特殊行政不但成爲戰後山地管制的基礎，也劃定了原住民保留地的基本雛形。

葉高華〈從原住民族分布圖談起〉指出，原住民族委員會官方網站公布之原住民族分布圖不符合原住民族現有分布，一來未考慮集團移住政策造成原住民族之分布劇烈改變，再者原住民族對於土地的主權是由核心往外越稀薄。並非以幾條線條就能清楚加以劃分。他改以點狀比較不同年代原住民的居住地點分布情形，以此篇文章爲始，他開始針對日治時期的集團移住政策進行研究。[30]

〈分而治之：1931-1945 年布農族與泛泰雅族群的社會網絡與集團移住〉爲前篇論文之續作。霧社事件後，臺灣總督府將被認爲最難管理的布農族、泰雅族、賽德克族與太魯閣族利用大規模的集團移住計畫，遷移至山腳地帶。作者利用部落網絡圖分析並試圖了解，集團移住將哪些部落分割？又將哪些親密往來的部落分離？並指出，集團移住的實際情況跟「蕃人移住十年計畫」的預期落差頗大。作者也試圖了解過去的這些蕃社位於今日之何處。對於了解蕃社變遷史而言，是重要的資料。[31]

〈從山地到山腳：排灣族與魯凱族的社會網絡與集體遷村〉則是葉高華的後續研究作品，進入 1940 年代以後，日本統治者開始

---

[29] 李敏慧，〈日治時期臺灣山地部落的集團移住與社會重建--以卑南溪流域布農族爲例〉（臺北：國立臺灣師範大學地理學研究所碩士論文，1997）。
[30] 葉高華，〈從原住民族分布圖談起〉，《人文與社會科學簡訊》17(4)：2016，頁 19-26。
[31] 葉高華，〈分而治之：1931-1945 年布農族與泛泰雅族群的社會網絡與集團移住〉，《臺灣史研究》23(4)：2016，頁 123-172。

將矛頭轉向排灣族與魯凱族，推出大規模的集團移住計畫。這些計畫完全不尊重部落原有的地緣關係與社會網絡，出現大量跨領域的遠距離移住，甚至將許多敵對部落結合起來。[32]藉由以上三篇論文，可以讓我們對於 1930 年代後，集團移住政策所造成之點狀分布差異，有著一定程度的辨識與了解。然作者僅參考《高砂族授產年報》單一史料，略有史料不夠周全之憾。

三、理蕃警察制度之研究

石丸雅邦〈台灣日本時代的理蕃警察〉論文探討「理蕃警察的任務」。治安相關事務討蕃時期和治蕃時期比較多，育蕃時期就治安方面的事務相對較少。理蕃警察欲將蕃人培養成符合現代產業的勞工，將其納入到資本主義。蕃地開發部分，警察從殖產系統接蕃地政策的權限之後進行開發。理蕃警察以「出役」的名義使蕃人工作。出役是蕃人才有的義務勞動。理蕃警察如此剝削蕃人來開發林業。[33]此外，在〈蕃地調查員與臺北帝國大學高砂族研究員〉一文中指出，設置蕃地調查員前，學者在總督府理蕃政策中的地位是臨時性、非正式的。蕃地調查員的任務是推動授產政策，他們是授產講習會的講師，教授在當地擔任農業指導員的巡查們，而巡查們則在各地產業指導所指導高砂族，因此可說蕃地調查員是老師的老師。

---

32 葉高華，〈從山地到山腳：排灣族與魯凱族的社會網絡與集體遷村〉，《臺灣史研究》24(1)：2017，頁 125-170。

33 石丸雅邦，〈台灣日本時代的理蕃警察〉（臺北：國立政治大學政治研究所博士論文，2008）。

蕃地調查員是爲了執行政治目的而被雇用，以農學爲專業，是爲臺灣總督府實行政策的人。[34]

石丸雅邦也探討日治時期的琉球人理蕃警察。其中也對出身自奄美大島的理蕃警察岩城龜彦有著十分詳細的介紹，可更加了解其對於集團移住與水田農業政策的支持與論述。[35]

四、原住民產業政策之研究

陳秀淳〈日據時期臺灣山地水田作的展開〉，是臺灣最早以蕃人授產爲研究主題的學術專文，認爲日本殖民政府爲有效控制山地，以警察統治的確立及「農耕民化」的方針來進行。警察統治對經濟政策的規劃就只是消極地追求利潤，根據市場的需求令地方栽種，並沒有多少顧到地方的情況或反應。水田作即是在此背景下出現的。爲因應「集團移住」政策的推行，謀求移住地的充足，以單位面積生產量較高的水稻爲主食，使得水田作持續發展下去，而形成了一股「水田熱」。在這股風潮下，水田作成了統治者業績的一大指標，他們透過講習會、農業傳習所來動員人力落實水田作。[36]

張耀宗認爲日本殖民者對原住民族農業知識與技術改造，是一種部落的全面社會工程，藉由「集團移住」引進定地耕種。小米衍

---

[34] 石丸雅邦，〈蕃地調查員與臺北帝國大學高砂族研究員〉，收於行政院原住民族委員會主編，《全國原住民族研究論文集》（臺北：行政院原住民族委員會，1999），頁 1-8-1-1-8-31。

[35] 石丸雅邦，〈琉球人理蕃警察職員〉，「第三屆台日原住民族研究論壇」，（國立政治大學原住民族研究中心舉辦，2010）。

[36] 陳秀淳，《日據時期臺灣山地水田作的展開》（臺北：稻鄉，1998）。

生之傳統祭儀，代表著傳統的農耕與帶有現代化意涵的農耕同時並存於部落，是一種新舊之間的抗衡。高山部落，在強制遷移後並沒有解體，其運作體制與思維依舊存在時，彰顯以原住民族主體的詮釋與行動就有其意義。[37]

王學新〈日治時期東臺灣地區原住民勞動力之利用〉指出，東臺灣九成的山地原住民勞動力用於自家營生所需，加上日警的指導與監督，而形成特殊的蕃社經濟。蕃人所形成的剩餘勞動力有半數被利用於殖民體制內土木建築、搬運、林業、開墾等工作，殖民政府因此獲得龐大的利益並對東部經濟有極大貢獻。但由於原住民勞動力的供給必須以日警強制為前提，因此其中涉及不少人權問題譬如歧視與剝削。[38]

賴昱錡研究日治時期東臺灣阿美族人勞動力的釋出，探討阿美族人在日治時期東臺灣公私建設、拓墾事業、移民與產業開發過程中，都成為勞動力的主要來源，過程中國家力量如何透過警察體系對阿美族人強制苦力出役，造成阿美族青年對社會與文化的衝擊。[39]

日文著作部分，《臺灣の蕃地開發と蕃人》是岩城龜彥技師對於集團移住之後，蕃人授產政策之實施建議。[40]

---

[37] 張耀宗，〈知識轉型：日治時期原住民族農業知識的轉變〉，《台灣原住民族研究季刊》7(1)：2014，頁 61-83。

[38] 王學新、許守明，〈日治時期東臺灣地區原住民勞動力之利用〉，《東台灣研究》4：1999，頁 35-72。

[39] 賴昱錡，《你今天做苦力了嗎-日治時代東台灣阿美人的勞動力釋出》，（臺東：東台灣研究會，2013）。

[40] 岩城龜彥，《臺灣の蕃地開發と蕃人》（臺北：理蕃の友發行所，1935）。

　　臺北帝國大學理學部農學科教授奧田彧，其著作《臺灣農業經營地帶の研究》[41]與《臺灣蕃人の農業經營に關する私見》[42]皆與授產主題相關，奧田主張沒有必要推動蕃人轉變爲水田農業，改良蕃人農業可以往結合耕種、畜產、林業之方向發展，蕃人可以繼續利用斜坡地，可見其不太贊成移住政策。此見解與當時總督府的政策大相逕庭，因此曾引發總督府技師的筆上論戰。

五、東臺灣區域史之研究

　　康培德分析清代臺灣歷史文獻中的「後山」，發現隨著時間演變，其範圍有限縮與具體化二大特色。晚清的「後山」論述中的蘇澳已經被淡化處理，地理實質範圍縮減至今日的花蓮與臺東。[43]也就是本研究所著眼之範圍。

　　施添福在〈日本殖民主義下的東部臺灣—第二臺灣的論述〉一文中，提出「三個臺灣」的論述，其中東部臺灣，也就是今日的花蓮與臺東，爲移住型殖民地。以土地整理爲名，限制原住民的農耕地區和耕作面積，進而加以收奪，並作爲內地人移住的根據地。在統治、國防和政治上，東部臺灣可說是臺灣總督府的核心地帶。[44]閱讀此篇論文，可以深入了解東臺灣之所以具備特殊性之背景。

---

[41] 奧田彧《臺灣農業經營地帶の研究》(臺北：臺北帝國大學農學部，1928)。

[42] 奧田彧《臺灣蕃人の農業經營に關する私見》《臺灣農事報》332：1934，頁 2-35。

[43] 康培德，〈清代「後山」地理空間的論述與想像〉，《臺大人文史哲學報》61：2004，頁 299-318。

[44] 施添福，〈日本殖民主義下的東部臺灣—第二臺灣的論述〉，《臺灣風物》67(3)：2017，頁 55-109。

　　孟祥瀚以成廣澳阿美族為例，針對日治前期東臺灣的部落改造進行研究。日治時期，國家力量延伸進入部落之內，國家行政體制與法律觀念取代了傳統的社會控制機制，除了得以維繫政權穩定外，更重要的則在社會動員勞力的作用。土地整理之後，將原屬各社所有的共業土地分割，確定阿美族部落內的土地私有制度，並透過地租制度，將傳統部落之個人與頭目的關係，轉變為個人與國家的關係。[45]

　　林玉茹〈國家在東台灣歷史上的角色〉中說明，臺灣歷史上不論是哪一個政權對於東臺灣，均採取忽視或棄之不顧的消極態度，也顯示出區域發展的不均衡，更需要國家力量的干涉。因此自清朝到戰後，國家在東部的政策乃主要表現在「理蕃」、移民、公共建設以及民間資本的引入。[46]依照此脈絡，我們不難理解為何日本殖民政府在東臺灣強力推動集團移住與山地開發。

　　李宜憲〈東台灣日本統治體制的建立與原住民的民族發展〉，認為日本一開始就以特別行政的態度來面對東臺灣。利用國家力量的支持，設立東部兩廳、隘勇線制度，以及庄社警政，依次改造了東部傳統上的勢力範圍。而水稻種植改變了小米在糧食意義上的傳統地位，也鬆動了傳統文化與糧食的聯結。貨幣的使用提高了青年

---

[45] 孟祥瀚，〈日據初期東台灣的部落改造：以成廣澳阿美族為例〉，《興大歷史學報》13：2003，頁 99-129。

[46] 林玉茹，〈國家在東台灣歷史上的角色〉，《東台灣研究》7：2002，頁103-134。

在部落內的地位，在某些平地部落內更引導走上父系繼承的社會制度。[47]可以說是撼動了原住民傳統文化與經濟制度。

潘繼道以日治初期七腳川事件與太魯閣討伐事件前後，國家力量強制族群遷移，造成部落社會生活的衝擊，當族群勢力弱化，日本殖民政府得以進行各項殖產事業與移民工作。[48]研究著眼於國家力量如何深化於東臺灣花蓮地區。

陳鴻圖研究東臺灣的水利事業與私營移民村，也探討卑南族人在知本溪流域的人地互動。[49]作者指出，由於東臺灣侷限的農業環境，導致農業適地較少，水利設施的興修更顯重要。

綜觀以上研究回顧，先人對於日治時期東臺灣區域之特殊性已有一定程度的研究成果。至於「集團移住」政策，已有研究者依照時間斷線進行政策分析；以流域或部落為單位所進行的小區域範圍研究也有不少著作可供回顧。本文試圖以「行政區」這個較大範圍加以研究，並且與過往研究加以對話，期待可以以較宏觀的角度看出「集團移住」與「蕃人授產」政策，如何與地方行政相輔相成，使統治者進而完成更有效的「理蕃」。

---

[47] 李宜憲，〈東台灣日本統治體制的建立與原住民的民族發展〉，（臺北：國立政治大學民族學系博士論文，2011）。

[48] 潘繼道，《國家、區域與族群-台灣後山奇萊地區原住民族的歷史變遷（1874-1945）》，（臺東：東台灣研究會，2008）。

[49] 陳鴻圖，《人物、人群與近代臺灣水利》，（新北：稻鄉，2019）。

第三節　研究範圍

一、空間界定

本研究題目中所述之「東臺灣」所指範圍爲，日治時代的「臺東廳」與「花蓮港廳」。在日治前期，「臺東廳」下轄範圍包含今日之花蓮縣與臺東縣，直至明治 42 年（1909）10月，總督府改正地方官制，將原屬臺東廳之花蓮港支廳和璞石閣支廳兩支廳轄區劃出，設立花蓮港廳。同年，日本國會核准在東部建設鐵路，進而在花蓮港

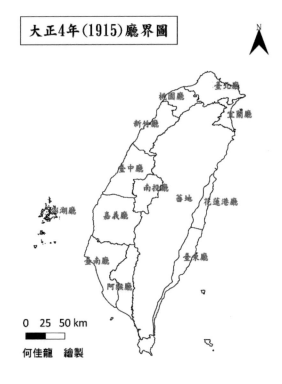

圖 1-3-1　大正 4 年(1915)廳界圖
資料來源：台灣歷史文化地圖
(http://thcts.ascc.net/kernel_ch.htm)

設立鐵道部出張所，開始調查、測量鐵路線路。[50]日本領臺初期，臺灣總督府治臺的重心主要在西部。東臺灣則首重「理蕃事業」，東部開發主要委由民間資本主導開發與公共建設。[51]

---

[50] 詹素娟，〈歷史中的原住民土地問題〉，頁 52。
[51] 林玉茹，〈國家在東台灣歷史上的角色〉，頁 164。

　　「蕃社」主要係指位於「蕃地」內，在集團移住政策下，被官方遷移並接受「授產」政策之原住民部落。明治 29 年（1896）3月 31 日，總督府以敕令 93 號發佈「臺灣總督府撫墾署官制」。5月，又以府令 12 號規定各撫墾署的名稱、位置。6 月再發佈「撫墾署處務規程」。[52]該敕令的主旨，在於總督府依行政法令，將蕃地視爲「特殊行政區」，與「普通行政區」區隔，此爲日治時期「蕃地」作爲「特別行政區域」的起源。而所謂「蕃地」的概念，僅西部因有傳統界線而得以明朗，中央山地與東部的一體性，此時仍未切割。[53]明治 35 年（1902），南庄事件爆發，事件平定後，總督府將隘勇線納入警察本署管理，加速了官隘化的過程。[54]明治 37 年（1904）7 月，頒布訓令 210 號〈隘勇線設置規程〉，[55]作爲隘勇線設置的基本規範。明治 43 年（1910），佐久間左馬太總督推行第二次「五年理蕃計畫」，以隘勇線推進與修築理蕃道路爲主。隨著所包圍的蕃地面積擴大，蕃情漸趨平穩，隘勇線總里程數也逐漸變少，到大正 9 年（1920）已完全消失。日治「推進隘勇線」被型塑成「可移動式的蕃界」，從早期緩慢、漸進式的變化，演變成「推進隘勇線」來包圍「蕃地」。[56]

---

[52] 「撫墾署處務規程」（1896 年 06 月 01 日），〈明治二十九年臺南縣公文類纂永久保存第二十九卷〉，《臺灣總督府檔案》，國史館臺灣文獻館，典藏號：00009690037。

[53] 詹素娟，〈歷史中的原住民土地問題〉，頁 47。

[54] 鄭安晞，〈日治時期推進隘勇線與蕃界之內涵轉變〉，頁 145。

[55] 「隘勇線設置規程」（1904 年 07 月 27 日），〈臺灣總督府府報第號〉，《臺灣總督府府（官）報》，國史館臺灣文獻館，典藏號：0071011567a001。

[56] 鄭安晞，〈日治時期推進隘勇線與蕃界之內涵轉變〉，頁 197。

大正 14 年
（1925）起，總
督府針對蕃地山
林，施行林野整
理事業，此即「森
林計畫事業」。57
也代表著國家力
量已有效進入中
央山地。

二、時間界定

本論文研究
時間為日治時期，
即 1895-1945 年，
共 50 年。雖然
「集團移住」與

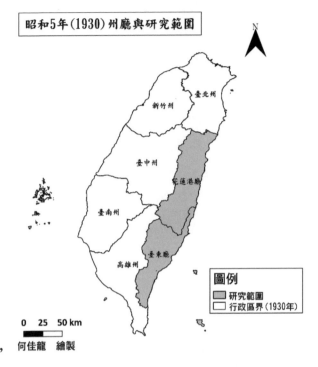

圖 1-3-2 昭和 5 年(1930)州廳與研究範圍
資料來源：台灣歷史文化地圖
(http://thcts.ascc.net/kernel_ch.htm)

「蕃人授產」僅為日治中期以後，階段性之理蕃政策。但為了解其
實施背景，我們仍有需要從日治初期之山林與理蕃政策開始爬梳，
才能較有系統加以分析，故仍以 1895 年作為本研究起始年代。此
外，為維持一貫性，部分史料仍不免從清治時期開始論述，作為背
景介紹說明日治初期所承接的制度與環境。

---

57 詹素娟，〈歷史中的原住民土地問題〉，頁 55。

三、名詞界定

本研究中所指的「理蕃政策」。意指日治時期對特別行政區（蕃地）內的原住民（高砂族），採取有別於漢人之統治政策。

至於本研究所指「蕃人」，係指居住於日治時期花蓮港廳與臺東廳蕃地內，被集團移住政策所強迫遷移至新地點定居之高山原住民。蕃人與蕃地、蕃社為日治時期官方對原住民、原住民生活領域及部落之稱呼，本研究行文維持日治時期原有之稱呼，對於原住民族無任何不敬之意。在此特別說明。

伊能嘉矩在明治 30 年（1897）年底完成臺灣蕃人的全島調查後，於隔年（1898）5 月進一步發表〈臺灣通信（第 22 回）臺灣に於ける各蕃族の分布〉，將臺灣蕃人區分為 4 群 8 族 21 部，並說明各群的分布地以及體質特徵、文化社會特徵與語言特徵。[58]明治32 年(1899)，再向總督府提出完整的調查報告書《臺灣蕃人事情》。本研究使用日治時期移川子之藏、馬淵東一、宮本延人等學者所定義之原住民九族分布。[59]對照本研究範圍與日治時期相關文獻之蕃社分布，為居住於花蓮港廳之泰雅族、[60]臺東廳之排灣族，[61]以及花蓮港廳與臺東廳均有蕃社分布之布農族。田代安定於明治 33 年

---

[58] 伊能嘉矩，〈臺灣通信（第 22 回）臺灣に於ける各蕃族の分布〉，《東京人類學會雜誌》146：1898，頁 301-307。

[59] 臺北帝國大學土俗、人類學研究室調查，《臺灣高砂族系所屬の研究》（東京：刀江書院，1935）。

[60] 今居於花蓮縣之太魯閣族與賽德克族，為忠於原著史料，文中仍以泰雅族稱呼，並另作附註。

[61] 今居於臺東縣之排灣族、魯凱族，為忠於原著史料，文中仍以排灣族稱呼，並另作附註。

（1900）將東臺灣住民分類如下：「支那人族」、「熟蕃平埔人族」、
「熟蕃加禮宛人族」、「阿眉平地蕃」與「卑南平地蕃」，此五種
族群被視爲「平地住民」；而「大魯閣高山蕃」、「木瓜高山蕃」、
「雲林支族高山蕃」、「卑南高山蕃」四類爲「山地住民」。[62]因
此居於東臺灣之阿美族與卑南族，在日治時期被視爲「平地蕃人」，
臺東廳長在明治 40 年（1907）5 月 9 日發表內訓，指出基於「平地
蕃人爲阿眉、卑南二族。阿美族分佈於臺東大部分平地，卑南族則
分佈於（臺東）廳所在地附近，兩族皆性質從順，從事牧畜耕耘，
已無殺伐風氣；將來若教化得宜，可以成爲純良農牧之民，增加地
方生產，發展經濟。」[63]可見，平地蕃人由於已熟稔農耕，且定居
於臺東平原，無須從高山蕃社進行移住，已被官方排除於蕃地行政
之外，而與一般的街庄行政一起作爲基層行政的基礎。[64]

第四節　研究方法

　　本研究主要採取文獻的整理、分析、歸納及比較爲主的歷史研
究法，收集日治時期史料，分析數據與資料，站在族群分布與產業
變遷的觀點，試圖整理「集團移住」與「蕃人授產」政策對於東臺
灣族群、山林、經濟與環境的影響。爲表達地理空間的改變，亦使
用歷史地理資訊系統所繪製歷史地圖，以表現集團移住政策造成蕃

---

[62] 田代安定，《臺東殖民地豫察報文》（臺北：臺灣總督府民政部殖產課，
1900），頁 12。
[63] 陳金田譯，《日據時期原住民行政志稿第一卷》（原名：理蕃誌稿）（南
投：臺灣省文獻委員會，1997），頁 652。
[64] 詹素娟，〈歷史中的原住民土地問題〉，頁 54。

社點狀的改變，以及蕃地水稻與陸稻農業之普及情況，並輔以其他資訊以了解自然環境對該產業的影響。

一、運用文獻資料

（一）相關史料

參考《臺東縣史 大事篇》對於日治時期臺東廳的原住民集團移住有依照年份進行整理；《臺東縣史 布農族篇》、《臺東縣史 阿美族篇》、《臺東縣史 卑南族篇》、《臺東縣史 魯凱族與排灣族篇》以及《續修花蓮縣志 族群篇》了解東臺灣原住民族群的分布與遷移史。《花蓮港廳管內概況及事務概要》、《臺東廳管內概況及事務概要》為記載花蓮港廳與臺東廳日治時期歷年重要事務記載，其中也包含了該年度的理蕃記要以及蕃地農業之生產成績。

（二）官方出版品

本文主要利用臺灣總督府警務局所出版的《理蕃誌稿》第一卷至第五卷、昭和 11 年至昭和 16 年度的《高砂族授產年報》、臺灣總督府殖產局出版，昭和 11 年至昭和 17 年度的《臺灣農業年報》、《既往ノ蕃社集團移住狀況調》等第一手史料，整理歷年關於蕃人授產與集團移住政策推動的詳細數據，臺灣總督府所編撰之《高砂族調查書－蕃社概況》，除了有清楚列出日治時代所有的蕃社名稱與分布位置之外，更有詳細介紹該蕃社之遷移記錄。再透過臺灣總督府警務局所出版的《理蕃の友》雜誌，了解官方對於授產與教化之立場，以及透過報導，窺見當時蕃社之生活情況與蕃人之看法。

在「蕃地開發調查」計畫之後，總督府出版《蕃地開發調查概要並高砂族所要地調查表》規劃高砂族的使用地、耕地面積、農作物產量與人均農產量。「集團移住」與「蕃人授產」這二大政策的實施，必須著力於「警察制度」的配合，探討日治時期，警察在蕃地中扮演何種角色。藉由第一手文獻，剖析他們與蕃人的關係如何。臺灣總督府警務局所編撰的《臺灣總督府警察沿革誌》一書中，對於警務系統如何控制蕃地，以及組織架構之變遷，均有詳細之整理與法規條文。同時，對於「理蕃警察」與「蕃地調查員」之設置與編制得以清楚了解。藉由臺灣總督府殖產局所出版，《森林計畫事業報告書》與臺灣總督府山地開發調查委員會《第一回山地開發調查委員會概況》，可了解森林計畫事業與山地開發調查這二大重要政策之始末。

研究日治時代的理蕃政策，臺灣總督府警務局所出版的《理蕃誌稿》是相當重要的參考依據，本書計 4 卷 5 編，為明治 28（1895）年至昭和元（1926）年期間臺灣總督府對採行各項「理蕃」措施的總記錄。全書採用編年體記事，依照年份將該年事件完整敘述，也包含了該年度的集團移住記錄與授產成績。第 4 卷與第 5 卷在該年的最後均附有當年度的水田、甘蔗、養蠶、畜牧、熬腦、造林各州廳之成績，另外當年度的農業與水圳開闢等事記，以及各州廳下轄之交易所與產業指導所亦有記載。戰後翻譯為中文，並更名《日據時期原住民行政志稿》。[65]

65 陳金田譯，《日據時期原住民行政志稿第一卷》（原名：理蕃誌稿）（南投：臺灣省文獻委員會，1997）。
陳金田譯，《日據時期原住民行政志稿第二卷》（原名：理蕃誌稿）（南投：

　　《理蕃の友》爲臺灣總督府警務局理蕃課所出版，特別爲從事理蕃工作的警察人員而出版之簡便易讀刊物。此刊物係爲宣示理蕃政策，及報導臺灣原住民動態而發行的月刊。內文除了官方理蕃政策的政令宣導之外，亦有理蕃警察及相關專家撰文，對於授產事業與農產品改良之技術指導，並將移住與授產的成績與優良蕃社大肆宣傳，也有蕃人對於該政策的訪談記錄。但由於《理蕃の友》爲官方刊物，文章的角度大多站在殖民者的角度，內容對於理蕃政策多爲溢美之詞，蕃社的實地情況大多報喜不報憂，但《理蕃の友》仍爲研究當時臺灣原住民的重要刊物，唯在利用時需多注意斟酌的書寫角度與立場。[66]

　　臺灣總督府警務局理蕃課先後出版了《理蕃概況》與《高砂族授產年報》。《理蕃概況》[67]收錄昭和 2 年到昭和 10 年，而《高砂族授產年報》記錄了從昭和 11 年到昭和 16 年各州廳關於水稻、甘蔗、蓆草、造林、養蠶、家畜生產的面積、產量，與販售價格，以及勞力的分布與儲蓄和交易數量，此外也整理了歷年集團移住，蕃社的位置變遷。[68]臺灣總督府殖產局《臺灣農業年報》，記載日治

臺灣省文獻委員會，1997）。

吳萬煌、古瑞雲譯，《日據時期原住民行政志稿第三卷》（原名：理蕃誌稿）（南投：臺灣省文獻委員會，1998）。

吳萬煌譯，《日據時期原住民行政志稿第四卷》（原名：理蕃誌稿）（南投：臺灣省文獻委員會，1999）。

[66] 陳連浚、黃幼欣、陳瑜霞譯，臺灣總督府警務局編，《理蕃の友》全三卷（新北：原住民族委員會，2016）。

[67] 臺灣總督府警務局理蕃課，《理蕃概況》（臺北：臺灣總督府警察本署，1927）。

[68] 臺灣總督府警務局，《高砂族授產年報》（臺北：臺灣總督府警察本署，1936-1941）。

時期歷年農業生產數據，本研究選用昭和 11 年至昭和 17 年度，除可查閱該年度東臺灣蕃地授產成績之外，亦可與平地水稻農業進行比較。[69]鈴木作太郎《臺灣の蕃族研究》亦有收錄自大正 12 年至昭和 5 年，各項作物生產量與集團移住之數據資料。[70]

《高砂族調查書》為臺灣總督府警務局理蕃課所著，第二卷生活，記載昭和 8 年（1933），全臺灣蕃地內蕃社之經濟與產業概況，其中包含蕃地農業之資訊。第五卷蕃社概況內容收錄了各蕃社的分布位置，移住遷徙的年代，以及與鄰近蕃社的親疏關係。掌握此資料，可以了解官方移住實施之前，花蓮港廳與臺東廳各蕃社是為了何種原因而自行遷徙。在原住民委員會的中譯本中，譯者經過實察，對於日治時代的蕃社經過時代變遷後，位於今日何處也有所註記。[71]

警察制度是臺灣總督府在理蕃事業上，最有效率的控制手段與途徑。臺灣總督府警務局編撰《臺灣總督府警察沿革誌》，對於警務系統如何控制蕃地，以及組織架構之變遷，均有詳細之整理與法規條文。同時，對於「理蕃警察」與「蕃地調查員」之設置與編制得以清楚了解。[72]

《蕃地開發調查概要並高砂族所要地調查表》，為臺灣總督府於蕃地開發調查後，將高砂族的使用地、耕地面積、農作物產量與

---

[69] 臺灣總督府殖產局，《臺灣農業年報》（臺北：臺灣總督府殖產局，1936-1942）。

[70] 鈴木作太郎，《臺灣の蕃族研究》（臺北：南天書局，1988）。

[71] 臺灣總督府警務局理蕃課，《高砂族調查書 第五編 蕃社概況》（臺北：中研院民族學研究所，2011）。

[72] 臺灣總督府警務局，《臺灣總督府警察沿革誌》第一編（臺北：臺灣總督府警察本署，1933）。

人均農產量調查資料數據化，並且對於未來，也有推估的生產數字。
透過此調查可使殖民政府獲得了足以提供其施政參考的龐大資料。[73]

　　（三）相關網路資料庫

　　利用國史館臺灣文獻館所建構的《數位典藏整合查詢系統》[74]查
詢《臺灣總督府檔案》、《臺灣總督府府（官）報》等日治時期臺
灣總督府相關史料，並利用臺灣圖書館自建數位資料庫：《日治時
期圖書影像系統》[75]與《日治時期期刊影像系統》[76]，查詢日治時
期官方出版品、年度報告書、專書與期刊。

二、運用歷史地理資訊系統

　　本研究利用歷史 GIS，參考「台灣歷史文化地圖」[77]以及「地
圖會說話」[78]網站圖資，由作者自行整合並試圖繪出東臺灣蕃社不
同時期的分布圖與蕃地水稻與陸稻的栽種情況。並利用中央研究院
WMTS 服務網，將更多圖資與歷史地圖套疊，期待能有更廣闊的視
野。

---

[73] 臺灣總督府警務局理蕃課，《蕃地開發調查概要竝高砂族所要地調查表》
（臺北：臺灣總督府警務局，1937）。

[74] 「數位典藏整合查詢系統」，網址：http://ds3.th.gov.tw/ds3/。

[75] 「日治時期圖書影像系統」，網址：http://stfb.ntl.edu.tw。

[76] 「日治時期期刊影像系統」，網址：http://stfj.ntl.edu.tw。

[77] 「台灣歷史文化地圖」，網址：http://thcts.ascc.net/。

[78] 「地圖會說話」，網址：https://mapstalk.blogspot.com/。

第二章 東臺灣與總督府的山林政策

第一節 地理環境與原住民分布

本研究中所稱之「東臺灣」，所指範圍包含日治時代花蓮港廳與臺東廳之轄區，亦即今日之花蓮及臺東二縣。面積共 8,144 平方公里，約佔臺灣總面積的 23%。[79]

「東臺灣」區域在自然環境上，有以下數個重要的特徵。首先，南北縱貫的中央山脈，具有地形上的阻隔性，造成本區自成一地理區域的重要因素。其次，東臺灣直接面對遼闊的太平洋，平直缺乏灣澳的斷層海岸，缺乏中繼性的島嶼，導致不利輪船之停泊與海上運輸之發展。200 餘公里的海岸線，在此區並無法形成對外聯絡的積極管道。第三，位於中央山脈以東與海岸山脈之間的花東縱谷，地勢雖較為平緩，但實際上亦遍布沖積扇、河灘、丘陵、河階等地形，而非肥沃或平坦的平原。[80]中央及海岸二大山脈構成東臺灣的主體：中央山脈北起宜蘭烏岩角，止於屏東南端的鵝鑾鼻，全長約 340 公里，為臺灣島的脊樑山脈。花蓮位居中央山脈中段，約占山脈全長之一半，其中逾3,000 公尺的高山超過40 座，其中秀姑巒山，海拔 3,850 公尺為最高。[81]海岸山脈北起花蓮市，南迄臺東市，東濱太平洋，西以花東縱谷與中央山脈遙對。南北延長約 138 公里。

---

[79] 陳正祥，《臺灣地誌下冊》（臺北：南天書局，1993），頁 1200。

[80] 黃宣衛，《臺東縣史 阿美族篇》（臺東：臺東縣政府，1999），頁 21。

[81] 劉瑩三，《續修花蓮縣志 自然篇》（花蓮：花蓮縣政府，2005），頁 72。

山脈南寬北狹，主要山稜成雁行狀排列，成東北西南走向。[82]以花蓮地區爲例，山地面積共占 87%，面積廣大。

花東縱谷位於中央山脈與海岸山脈之間，南北縱長 183 公里。平均寬爲 3 至 4 公里，爲一細長谷地平原。由於花東縱谷集水區的地勢起伏大，岩層脆弱易侵蝕，因此沖積扇特別發達。[83]但多由粗礫組成，不利農耕，且扇面河川游移不定，時釀水患，沖積扇越大荒地也就越大，因此聚落及田地大多退至近山處遠離沖積扇，這一般常見沖積扇通常有利聚落與田地發展的情形大不同。[84]花東縱谷除池上爲卑南溪與秀姑巒溪的分水嶺、大富爲秀姑巒溪與花蓮溪分水嶺外，在舞鶴村附近則有一臺地。可以將其視爲中央山脈的餘脈看待，雖號稱通谷，實並不很平坦。

東臺灣重要的水系有卑南溪、秀姑巒溪及花蓮溪。分別以大富及池上爲分界，北爲花蓮溪，中爲秀姑巒溪，南爲卑南溪。卑南溪長約 84 公里，流域面積約 1,603 平方公里，由新武呂溪、鹿寮溪及鹿野溪匯流而成，源於脊梁山脈關山之東斜坡，在池上附近流入花東縱谷。入平原後由東西流向轉爲南北流向，並與支流鹿寮溪、北絲鬮溪相匯而流入臺東平原，於臺東市附近入海，與知本溪、利嘉溪及太平溪沖積出臺東平原。秀姑巒溪長約 81 公里，流域面積約 1,790 平方公里，發源於池上大陂池，向北流去，縱貫花東縱谷中央部分，經奇美村橫斷海岸山脈，由大港口入海。東側的支流均發源於海岸山脈的西斜坡，與主流的匯合處則造成了許多小型的沖積

---

82 林玉茹，《臺東縣史 地理篇》（臺東：臺東縣政府，1999），頁 166。
83 林玉茹，《臺東縣史 地理篇》，頁 167。
84 陳正祥，《臺灣地誌下冊》，頁 1203-1204。

扇，如馬久達、苓子齊等。[85]花蓮溪長約 57 公里，流域面積 1,507
平方公里，上游為加籠籠溪，發源於興魯郡山東麓，至大富村折向
東北成花蓮溪。至東富村附近匯馬太鞍溪、砂老溪、太巴塱溪、阿
德模溪與加禮洞溪。萬里橋溪入平原後，水道分散，故與花蓮溪的
匯流點有三處之多。支流有木瓜溪、壽豐溪、萬里橋溪及馬太鞍溪，
以木瓜溪為最大的支流，各支流自中央山脈流入平原匯集後則稱花
蓮溪，之後北流至花蓮市南郊入海。[86]

　　氣候方面，北回歸線通過花蓮瑞穗，本區北部屬副熱帶氣候，
而南部屬熱帶氣候。終年高溫，平均在 20℃ 以上。夏季很長，可達
210 日。由於地形狹長且多山地，加以有黑潮經過，對花蓮氣溫有
增暖的效果。此地理條件對夏秋時行經東部之颱風發展有相當大的
助益。多高山聳立，冬季時亦能有效阻擋冷空氣之直接吹襲。[87]臺
東地區略受中央山脈北段和海岸山脈部分屏障，可減緩東北季風直
接吹拂，但東海岸地帶與離島的綠島、蘭嶼，則為東北季風之迎風
面，影響最為直接。臺東地區大部分的平地，年均溫可達 22℃ 左右，
海岸山脈則稍低於 22℃；南側大武沿海則偏高，高於 24℃ 以上。
至於中央山脈東側山麓地帶的谷地，則在 18-20℃ 上下；廣大的高
山地區，則不及 16℃。[88]就七月的月均溫而言，臺東以南的大武沿
海超過 28℃，但花東縱谷、臺東平原以及成功沿海，月均溫反而不
及 28℃，為全臺灣平地之中，月均溫稍低的地方。[89]

---

[85] 黃宣衛，《臺東縣史 阿美族篇》，頁 22。
[86] 劉瑩三，《續修花蓮縣志 自然篇》，頁 74。
[87] 劉瑩三，《續修花蓮縣志 自然篇》，頁 197。
[88] 林玉茹，《臺東縣史 地理篇》，頁 209。
[89] 林玉茹，《臺東縣史 地理篇》，頁 211。

　　日照率低與日照時數少，爲花東縱谷氣候上的另一項特點，除中央山脈所在的山區，年平均日照時數不及 1,000 小時以外，縱谷、海岸、平原以及山麓皆在 1,500 小時左右，[90]遠低於同緯度西岸的縣市。

　　降雨部分，本區年雨量在 1,500-2,000mm 間，降水多集中於夏季。除山區受地形影響外，降水分布大致上呈現由北向南遞增，降雨季節分布也是由北向南有集中於夏季的趨勢。冬半季縱谷地帶因受海岸山脈屏障，形成東北季風小型雨影區，雨日較少；夏半季，受地形因素影響，降雨日數略微增多。[91]東北季風於每年 10 月下旬開始，到次年 3 月下旬，爲期約有 6 個月之久。陰雨的區域與季風的強度成正比。西南季風於 5 月上旬開始，到 9 月下旬結束，爲期 5 個月。東北季風的雨量不大，但雨期甚長；西南季風的雨量大，但雨期較短。[92]

　　日治時代，居住於花蓮港廳以及臺東廳的蕃人比例甚高，因此東臺灣具備有特殊性，當日人接收東臺灣時，面對的是一民少蕃多，民庄與蕃社錯落分布，與西部民蕃界線明顯區隔大爲不同之地區。[93]因此必然須採取不同的統治措施。臺灣總督府在治臺初期，由於對東臺灣瞭解不多，起初並無太多措置，而採取特殊化區域政策。明治 30 年（1897），原隸屬於臺南廳的臺東支廳正式升格爲臺東廳，

[90]　林玉茹，《臺東縣史　地理篇》，頁 212。

[91]　林玉茹，《臺東縣史　地理篇》，頁 216。

[92]　黃宣衛，《臺東縣史　阿美族篇》，頁 24。

[93]　孟祥瀚，〈日據時期東臺灣的部落改造：以成廣澳阿美族為例〉，《興大歷史學報》13：2002，頁 100。

管轄東臺灣大部分區域；明治 31 年（1898）總督府廢撫墾署，臺
東廳卻設置撫墾署出張所；明治 36 年（1903）將理蕃事務歸由警
務課，臺東廳卻仍由總務課管轄。明治 42 年（1909）又將臺東廳
原轄區北部劃出大半成立花蓮港廳；東臺灣的行政區劃至此大致穩
定為兩個行政區域。直到昭和 12 年（1937），花蓮港廳與臺東廳
才正式實施臺灣西部行之已久的州郡街庄制等。

　　東臺灣相較於西部臺灣，具有高度特殊性與獨立性，明治 36
年（1903），總督府將地方層級的蕃人蕃地事務主管機關，由總務
課移轉至警務課蕃務係，但時任臺東廳長相良長綱，力主蕃人事務
應仍由總務課掌管，此論點雖與相良廳長個人一貫的「撫育」主張
有關，但亦可由此看出東臺灣的特殊性。直到明治 37 年（1904），
相良於任內病逝之後，才依訓令第 88 號將蕃人蕃地事務交由警務
課管理。[94]東臺灣的第一次土地調查事業，遲至明治 43 年（1910），
為了日本官營移民之移入，才開始進行林野調查與整理。本次林野
調查由於東部完全在獨立體系下作業，政策方針與調查原則均與西
部具有明顯差別。[95]

　　東部地區漢蕃雜處，蕃人居住於平地者眾，其人數甚至較漢人
及平埔族為多，因此出現帶有地域性質的「平地蕃」概念。根據日
本陸軍中尉長野義虎的記錄：「平地蕃分布的地方，包括花蓮港與
卑南之間的狹隘通道（花東縱谷）和海岸道路（東部海岸線一帶）。」[96]

---

[94] 孟祥瀚，〈日據時期東臺灣的部落改造：以成廣澳阿美族為例〉，頁 115。
[95] 林玉茹，〈國家在東台灣歷史上的角色〉，《東台灣研究》5：2000，頁
164。
[96] 洪麗完，《熟番社會網絡與集體意識：臺灣中部平埔族群歷史變遷

日人已經認知到東部蕃人與其他生蕃或平埔族有所不同，特別以「平地蕃」指稱居住於平地的阿美族等蕃人。隨著統治當局的普通行政區劃界逐漸明確後，也產生出「平地蕃人乃是居住於普通行政區域的生蕃」之定義。[97]

　　參考表 2-1-1，日治時代之原住民人口自明治 44 年（1911）之12 萬餘人，至昭和 17 年（1942），已突破 16 萬人。就「量」而言，東臺灣所居原住民人口數，比例均超過全臺灣蕃人總數的一半以上。而由表 2-1-2，也可看出位於東臺灣的蕃地面積，超過全臺灣蕃地面積的三分之一。面對此廣袤的山林與人數眾多的蕃人。如何有效控制此一地區並加以開發，而原住民能否臣服，進而成為帝國之下可為之利用的生產力，也成為殖民政府一大課題。

（1700-1900）》（臺北：聯經出版事業股份有限公司，2009），頁 338。
[97] 黃唯玲，〈日治時期平地蕃人的出現及其法律上待遇（1895-1937）〉，《臺灣史研究》19(2)：2012，頁 117。

表 2-1-1 日治時期東臺灣蕃社戶口

	全臺灣蕃社戶數	全臺灣蕃人總數	花蓮港廳蕃社戶數	花蓮港廳蕃人總數	花蓮港廳蕃人占全臺比例	臺東廳蕃社戶數	臺東廳蕃人總數	臺東廳蕃人占全臺比例
1911 年	21,744	121,959	4,525	24,437	20%	3,438	36,288	30%
1917 年	22,724	134,023	5,151	30,135	22%	5,498	38,138	28%
1925 年	22,939	136,706	5,322	32,012	23%	5,522	39,249	29%
1931 年	23,590	140,707	5,853	35,708	25%	5,898	41,083	29%
1937 年	25,343	154,255	6,437	40,832	26%	6,148	44,142	29%
1942 年	27,098	162,031	7,095	44,698	28%	6,798	45,644	28%

資料來源：整理自臺灣總督府警務局理蕃課，《蕃社戶口》（臺北：臺灣總督府警務局理蕃課，1912、1918、1926、1931、1938、1943）。

表 2-1-2 日治時期東臺灣蕃地面積概況(單位：甲)[98]

	全臺總計	花蓮港廳	比例	臺東廳	比例
1929 年	1,730,647.9810	337,859.0093	20%	254,325.9448	15%
1930 年	1,730,647.9810	337,859.0093	20%	254,325.9448	15%
1931 年	1,730,647.9810	337,859.0093	20%	254,325.9448	15%
1932 年	1,730,647.9810	337,859.0093	20%	254,325.9448	15%
1933 年	1,730,992.6868	337,926.3027	20%	260,435.1055	15%
1934 年	1,665,707.5708	339,459.8533	20%	231,208.4515	14%

資料來源：整理自臺灣總督府總督官房文書課，《臺灣總督府第 33-38 統計書》（臺北：臺灣總督府，1930-1935）。

綜觀東臺灣原住民之族群比例分布，阿美族為原住民中人數最多的一族，主要居住於海拔較低平的花東縱谷地區以及海岸地帶。綜合移川子之藏與馬淵東一、鹿野忠雄、宮本延人等日籍學者之觀點，將阿美族分成五個地域群：

一、南勢阿美：北自新城鄉境的北埔起，往南到壽豐溪。

---

[98] 1 甲＝0.0097 平方公里。

　　二、秀姑巒阿美：北自花蓮溪支流壽豐溪，南到鱉溪及學田附近，因居秀姑巒溪及其支流附近而得名。

　　三、海岸阿美：北從豐濱鄉，南至成功鎮，因為住在海岸山脈東側沿海，故有此名。

　　四、卑南阿美：北自成功，南迄知本溪，因居臺東卑南附近一帶地區而得名。

　　五、恆春阿美：分布於富里鄉、池上鄉、關山鎮、鹿野鄉、卑南鄉、太麻里鄉及恆春一帶。因曾居恆春地區而有此名。[99]

　　此種地域群的分類，一方面來自地理空間上所產生的分隔作用，例如海岸山脈、木瓜溪等客觀的地理阻隔，便會造成不同區域阿美族在互動上的不易；再加上泰雅族、布農族等的勢力之拓展，也強化了不同地區之間的阿美族的阻隔性。

　　原居於南投的太魯閣族（日治時代被歸類為泰雅族），大約於18世紀翻越中央山脈來到花蓮，居住於中央山脈東側山區（今花蓮縣秀林鄉及萬榮鄉）；同樣來自南投的布農族落腳於花蓮西邊偏南的山區（今花蓮縣卓溪鄉及萬榮鄉）。[100]根據表2-2-3，日治時期蕃社戶口統計資料，花蓮港廳的阿美族約占全廳蕃人的三分之二，且幾乎全數居於平地；泰雅族的人口數為花蓮港廳蕃人的四分之一左右；至於布農族，人口約占全廳的10%上下。

　　國家政策對於原住民族遷徙分布之影響，主要為日治時期始於大正時代的集團移住政策，促使花蓮的太魯閣族及布農族分批大舉

---

[99] 黃宣衛，《臺東縣史　阿美族篇》，頁26。
[100] 康培德，《續修花蓮縣志　族群篇》（花蓮：花蓮縣政府，2005），頁29。

向低海拔山下移動。太魯閣族原先居於今秀林鄉山區上游溪谷，集團移住政策後，移往沿山平坦地帶外，也往南方移動。布農族則移住至今卓溪鄉的平地地帶，瑞穗鄉也有部分布農族人組成的小型聚落。阿美族於花蓮有南勢阿美、秀姑巒阿美及海岸阿美三大系統，其中南勢阿美「撒奇萊雅」[101]系統於加禮宛事件後由奇萊平原向南邊的花東縱谷移動；七腳川社族人則在七腳川事件後，被迫遷於今壽豐鄉一帶，[102]這二個系統有較大幅度的移動。

表 2-1-3　日治時期花蓮港廳蕃社戶口(種族別)

	總計	阿美族	比例	泰雅族	比例	布農族	比例
1911 年	24,437	15,840	65%	5,837	24%	2,760	11%
1917 年	30,135	19,138	64%	8,406	28%	2,591	9%
1925 年	32,012	20,815	65%	8,552	27%	2,645	8%
1931 年	35,708	23,542	66%	9,152	26%	2,995	8%
1937 年	40,832	26,688	65%	10,138	25%	4,005	10%
1942 年	44,698	30,000	67%	10,602	24%	4,095	9%

資料來源：整理自臺灣總督府警務局理蕃課，《蕃社戶口》（臺北：臺灣總督府警務局理蕃課，1912、1918、1926、1931、1938、1943）。

　　排灣族主要分布於臺東地區，居住於太麻里溪以南的主要流域、中央山脈大武山系東面的淺山坡面地區，即今太麻里鄉、大武鄉、

---

[101] 花蓮古稱「奇萊」，奇萊二字是「Sakiraya－撒奇萊雅」的諧音。西元1878 年，清帝國開山撫番，噶瑪蘭族聯合撒奇萊雅族與清國對抗，發生加禮宛事件。族中大頭目慘遭酷刑凌遲，族人為免遭滅族，流離失所，開始了 128 年隱姓埋名的流浪旅途。日治時期，撒奇萊雅族人怕慘劇再度發生，選擇隱姓埋名，而被歸為阿美族。2007 年 1 月 17 日由官方正名，成為臺灣的第 13 個原住民族。

「行政院原住民族委員會原住民族文化發展中心」，網址：https://www.tacp.gov.tw/home02.aspx?ID=$4061&IDK=2&EXEC=L，引用日期：2020 年 7 月 16 日。

[102] 康培德，《續修花蓮縣志　族群篇》，頁 30。

金峰鄉及達仁鄉。[103]卑南族聚落主要分布臺東平原北部和花東縱谷以南沿中央山脈東側，海拔約為 100 到 500 公尺的地帶。在平原地區的卑南族聚落平均人口數，是所有原住民中最多的。[104]雅美族人則全部居於蘭嶼島上。

布農族可分為巒社群、卡社群、卓社群、丹社群、郡社群與被認為鄒族化的蘭社群。巒社群相傳是布農族最古老的部族，在 17 世紀末到 18 世紀初，有部分巒社群人向東部遷移至拉庫拉庫溪中游與太平溪上游流域，18 世紀末亦有部分巒社群人南遷至新武呂溪流域，1930 年代起的集團移住政策後，巒社群人在東臺灣多遷居於今花蓮縣卓溪鄉境內；[105]丹社群源於巒社系統，目前在東臺灣主要分布於花蓮縣萬榮鄉馬遠村，與東部阿美族接觸甚早；郡社群是布農族中人數最多、移動與分布最廣的一群，1930 年代集團移住將郡社群由荖濃溪上游、鹿野溪上游與拉庫拉庫溪上游遷移至臺東縣海端鄉、延平鄉、高雄市桃源區與那瑪夏區、南投縣信義鄉羅娜村、東埔村及花蓮縣卓溪鄉的古風村、太平村與卓清村。[106]

從臺東廳的歷年蕃社戶口資料可以看出，阿美族仍然是該區域原住民中的優勢族群，占了半數以上；排灣族〈日治時期將魯凱族、卑南族和傀儡蕃亦歸於排灣族〉人口一度將近全臺東廳之四成，但之後又滑落至三分之一左右；布農族的人數也從突破一成降為9%；

---

[103] 傅君，《臺東縣史 排灣族與魯凱族篇》（臺東：臺東縣政府，1999），頁 35。

[104] 陳文德，《臺東縣史 卑南族篇》（臺東：臺東縣政府，1999），頁 18。

[105] 海樹兒‧犮剌拉菲，《布農族部落起源及部落遷移史》（南投：國史館臺灣文獻館，2006），頁 6-7。

[106] 海樹兒‧犮剌拉菲，《布農族部落起源及部落遷移史》，頁 8。

雅美族由於獨居於蘭嶼島上，與臺灣本島住民的互動相對較少，為
一較封閉的人口系統，人口比例約占全臺東廳蕃人的 4%左右，變
動不大。

表 2-1-4 日治時期臺東廳蕃社戶口(種族別)

	總計	阿美族	比例	排灣族	比例	布農族	比例	雅美族	比例
1911 年	36,288	18,152	50%	13,947	38%	2,702	7%	1,487	4%
1917 年	38,138	18,289	48%	15,375	40%	2,996	8%	1,478	4%
1925 年	39,249	18,728	48%	14,581	37%	4.346	11%	1,594	4%
1931 年	41,083	20,645	50%	14,455	35%	4,310	10%	1,673	4%
1937 年	44,142	23,318	53%	14,914	34%	4,181	9%	1,729	4%
1942 年	45,644	24,899	55%	14,943	33%	4,200	9%	1,602	4%

資料來源：整理自臺灣總督府警務局理蕃課，《蕃社戶口》（臺北：臺灣
總督府警務局理蕃課，1912、1918、1926、1931、1938、1943）。

第二節 「森林計畫事業」與蕃地劃分

臺灣東部是總督府認為亟待開發之區域，然漢人在此地所占比
例不高。根據明治 29 年（1896）的調查，東部人口共有 36,171 人，
漢人僅有 3,303 人，不到 10%，其餘為阿眉族、卑南族、平埔族與
加禮宛族。[107]東部既以原住民為主，原住民的教化和綏撫，便與開
發東部的利源息息相關。為了保障殖民者的利益，在進行東部開發
以前，蕃人問題必定要加以解決。

---

[107] 臺灣總督府民政部殖產課，《臺東殖民地豫察報文》（臺北：臺灣總督
府民政部殖產課，1900），頁 245-247。

首任總督府民政長官水野遵，於明治 29 年（1896）8 月，向樺山總督提出「臺灣行政一斑」意見書，對於撫育蕃人提出以下建議：

> 教化蕃民及開發蕃地富源為目前政府之急務，蕃民雖然亦從事
> 農耕，但仍以狩獵為主業。據說在舊政府時代，漢人等進入蕃
> 地採伐樟樹或開墾蕃地時，往往與蕃民發生糾紛，因而在數年
> 前設撫墾局，並設分局於接近蕃地之要地以掌理開墾蕃地、撫
> 育蕃民及交換物品等事務，雖因官員貪婪發生各種弊端，但大
> 致順利進行。如今至山地製腦、開墾、伐木、採礦及移民等之
> 前，須要對蕃民恩威並用，使其脫離原始生活，遵守政令。蕃
> 民時常殺害漢人，誠係因清國官民詭詐、欺騙他們。又蕃民猜
> 疑心及復讎心頗重，以致容易發生糾紛，然其頗為守信，對西
> 洋人友好即其例證，因此如撫育得法，則使其服從政府絕非難
> 事。本官認為設類似撫墾局之機關，時常召集蕃民加以教化，
> 並對頭目等給與酒食、布疋及器具時，必定對日本人心懷好感，
> 開墾山地可以順利進行，給予一定之土地，使就耕種之業，則
> 得以漸次感化為良民。[108]

同年 4 月 1 日，總督府以勅令第 93 號公布，第一條為關於蕃人之撫育、授產、取締事項、蕃地開墾事項、山林製腦事項。[109]臺東撫墾署成立，用以執行撫育蕃人及墾殖、興業事務的專責機構。後因管轄區域過於遼闊，明治 31 年（1898）增設花蓮港出張所。

---

[108] 陳金田譯，《日據時期原住民行政志稿第一卷》（原名：理蕃誌稿），頁 3。

[109] 顏愛靜、楊國柱，《原住民族土地發展與經濟制度》（臺北：稻鄉，2004），頁 192。

雖然撫墾署為管理山地的權責機關，但依總督府官制，山林問題屬
民政局殖產部林務課掌管，因此當明治 29 年（1896）11 月，總督
府頒訂〈森林調查內規〉，[110]由林務課負責推動，從事全臺森林調
查。撫墾署僅為配合角色。

　　明治 28 年（1895），總督府以律令第 26 號頒布〈官有林野及
樟腦製造業取締規則〉，將蕃地宣告為官有。其內容主要有三：

　　一、總督府將廣大山林原野轉換成官有地。

　　二、總督府透過核發之執照為憑，管制平地人入山伐木、開墾
及製腦，以排除平地人入山侵奪官有山林資源。

　　三、總督府透過重新申報程序，以充分掌握山林經營者之動
向。[111]

　　就經濟層面而言，總督府瞭解要以國家力量完全掌控蕃地，才
能開發山林，順利推展製腦、伐木、採礦事業。明治 29 年（1896）
10 月，總督府相繼以府令第 44 號頒布〈臺灣官有森林原野產物賣
渡規則〉，[112]及府令第 47 號頒布〈臺灣官有森林原野貸渡規則〉，[113]

---

[110] 「森林調查內規制定ノ件」（1896 年 12 月 01 日），〈明治二十九年甲種
永久保存第八卷〉，《臺灣總督府檔案》，國史館臺灣文獻館，典藏號：
00000063010。
[111] 藤井志津枝，《臺灣原住民史（三）政策篇》（南投：臺灣省文獻委員
會，2001），頁 5。
[112] 「臺灣官有森林原野產物賣渡規則」（1896 年 10 月 08 日），〈臺灣總督
府府報第 17 號〉，《臺灣總督府府（官）報》，國史館臺灣文獻館，典藏號：
0071000017a001。
[113] 「臺灣官有森林原野貸渡規則」（1896 年 10 月 10 日），〈臺灣總督府府
報第 19 號〉，《臺灣總督府府（官）報》，國史館臺灣文獻館，典藏號：
0071000019a001。

並在各地撫墾署長努力推行業務後，隨之進入蕃地企業之人數逐漸增加。[114]

兒玉源太郎擔任總督時期，臺東廳長森尾茂助計劃將山地業務改由警察負責，並在山地增設駐在所，此後警察成爲管理山地事務的主體，官方改採武力鎮壓手段。佐久間左馬太總督的「五年理蕃計畫」，繼續以高壓手段對付原住民。並於第二個「五年理蕃計畫」中，推展林野調查事業。林野調查始於明治 43 年（1910），以臺東廳、花蓮港廳爲始，其後相繼至各行政區施行，調查範圍包括普通行政區及蕃地。[115]

林野調查共花費 577,788 日圓，總面積爲 973,747 甲，官有地爲 752,993 甲，民有地爲 31,201 甲；但有 175,000 甲被長年佔有，特以「保管林」的名義讓關係人保管，許其繼續使用收益。大部分林野均被查定爲官有地。由於林野調查區域涵括廣闊的山林土地，而這些土地歷來屬於蕃人居住活動空間，並無官給證明或證據書類用以主張其對土地的業主權，因此遼闊的蕃地便依明治 28 年（1895）年發布之〈官有林野與樟腦製造業取締規則〉，定爲「官有地」。[116]

爲了增加殖民地之利用和處置，總督府自大正 3 年（1914）起進行官有林野整理事業。其整理方法是依〈林野整理事業處理規程〉

---

[114] 顏愛靜、楊國柱，《原住民族土地發展與經濟制度》，頁 197。

[115] 臺灣總督府民政部殖產局，《臺灣林野調查事業報告》，（出版地不詳：臺灣總督府民政部殖產局，出版年不詳），頁 1-10。

[116] 「官有林野及樟腦製造業取締規則」（1895 年 10 月 01 日），〈明治二十八年至明治二十九年臺南縣公文類纂永久保存第十四卷〉，《臺灣總督府檔案》，國史館臺灣文獻館，典藏號：00009677004。

第一條規定，將官有林野區分為要存置林野與不要存置林野，其中
要存置林野之選定標準為：

　　一、國防及其他軍事上必要者

　　二、作為保管林存置之需要者

　　三、指定保安林之必要者

　　四、作為官行施業地及其附屬地之必要者

　　五、保護官方營造物之必要者

　　六、學術上特別存置之必要者

　　七、在地形位置等之關係上不適於民營者

　　八、上述以外有特別保留之必要者或認定為「生蕃地」列為必
要保留者。

　　依據此分類，要存置林野面積為 319,294 甲，不要存置林野之
面積為 398,912 甲。[117]

　　大正 14 年（1925），總督府殖產局在官有林野整理事業查定
要存置林野的基礎上，展開森林計畫事業，兩者有著不容忽視的延
續性。[118]森林計畫事業主要目的為深入蕃地並詳細調查。規定各州
廳應通報準要存置林野中蕃人所要地協定地域的面積，以及該地域
內現耕地、未來可供開墾之適地水、旱田面積，連同該地域內現居
住蕃人、社名、戶數與人口。大正 15 年（1926）1 月，殖產局發佈

117 顏愛靜、楊國柱，《原住民族土地發展與經濟制度》，頁 204。
118 洪廣冀、羅文君、胡忠正，〈從「本島森林的主人翁」到「在自己的土
地上流浪」：臺灣森林計畫事業區分調查的再思考（1925－1935）〉，《臺灣
史研究》26(2)：2019，頁 54。

〈森林計畫事業ニ關スル件〉給各州廳長，其中的「訓令案拔萃」，將尚未公告實施的〈森林計畫事業規程〉中的第6、7、8條先「拔萃」，以草案進行規劃。第8條規定符合下列各項者，即為準要存置林野：

　　一、因軍事上或公共安全上有必要保留為官有者。

　　二、因蕃人生活上需要保留者。

　　三、因理蕃上為獎勵蕃人移居需要特別保留者。

　　四、上述原因外，將要成為存置林野者。[119]

　　昭和3年（1928），訓令第81號正式頒布〈森林計畫事業規程〉。同年（1928）10月，總督府殖產局第3523號〈蕃人用保留地面積標準ニ關スル件〉，特別將〈森林計畫事業規程〉中的官有林野區分調查所劃定出來的準要存置林野，特稱為「蕃人用保留地」。所保留的範圍屬於準要存置林野的部分於森林計畫事業報告書中記載為「蕃人所要地」。[120]因此，洪廣冀認為，「蕃人用保留地」並非昭和3年（1928）〈森林計畫事業規程〉以訓令81號公告後才出現，而是應該早在大正15年（1926）11月，「訓令案拔萃」後，已出現此概念。[121]

---

[119] 臺灣總督府殖產局編，《森林計畫事業報告書（下卷）》（臺北：臺灣總督府殖產局，1937），頁606。

[120] 臺灣總督府殖產局編，《森林計畫事業報告書（上卷）》（臺北：臺灣總督府殖產局，1937），頁5-10。

[121] 洪廣冀、羅文君、胡忠正，〈從「本島森林的主人翁」到「在自己的土地上流浪」：臺灣森林計畫事業區分調查的再思考（1925－1935）〉，頁58。

準要存置林野中，提供蕃人生存使用之土地總面積係以平均每人所需之土地面積標準來計算，每人所需土地面積標準為：

一、定住地：平均每人 0.2 公頃。

二、耕作地：平均每人 1.8 公頃。

三、用材燃料採取共同地：平均每人 0.5 公頃。

四、畜牧、其他產業增進用地及災害預備地：平均每人 0.5 公頃。[122]

準要存置林野之於總督府官方不同部門而言，究竟有著什麼樣的意涵呢？李文良的觀點指出，森林計畫事業開始之初，殖產局並無劃設準要存置林野的想法。直到昭和 3 年（1928）11 月，警務局進行區分調查，才開始查定蕃人用地與蕃人保留地，「準要存置林野」的概念出現。[123]但洪廣冀認為，早在大正 15 年（1926）「訓令案拔萃」，山林課即著手準備要存置林野之區分。準要存置林野係指「以要存置林野為準來辦理的林野」，其創設完全不違背〈森林計畫事業規程〉第六條的規定。[124]

大正 9 年（1920）10 月 8 日，內務局地理課公告〈蕃人移住地及耕作地等ニ關スル件〉，目的在於修正既有州廳在劃設蕃人移住地時各行其事的做法，改為「蕃地內新設之蕃人移住地及耕作預定

---

[122] 臺灣總督府殖產局編，《森林計畫事業報告書（上卷）》，頁 253。
[123] 李文良，〈帝國的山林：日治時期臺灣山林政策史研究〉，頁 207。
[124] 洪廣冀、羅文君、胡忠正，〈從「本島森林的主人翁」到「在自己的土地上流浪」：臺灣森林計畫事業區分調查的再思考（1925－1935）〉，頁 65。

地得由總督認可」。[125]可知爲了順利在蕃地順利推行科學林業，山
林課順應內務局及警務局的制度安排，將大片國有林野歸爲蕃人移
住及耕作地。其認爲，若貿然引入私有財產制，只會適得其反，因
此將蕃人耕作地以要存置林野爲準辦理，即將蕃人土地置於國家的
羽翼下。[126]

---

[125] 「蕃人移住地及耕作地等二關スル件」(1920 年 10 月 01 日)，〈大正九年永久保存第五十三卷〉，《臺灣總督府檔案》，國史館臺灣文獻館，典藏號：00003052003。
[126] 洪廣冀、羅文君、胡忠正，〈從「本島森林的主人翁」到「在自己的土地上流浪」：臺灣森林計畫事業區分調查的再思考 (1925－1935)〉，頁 71。

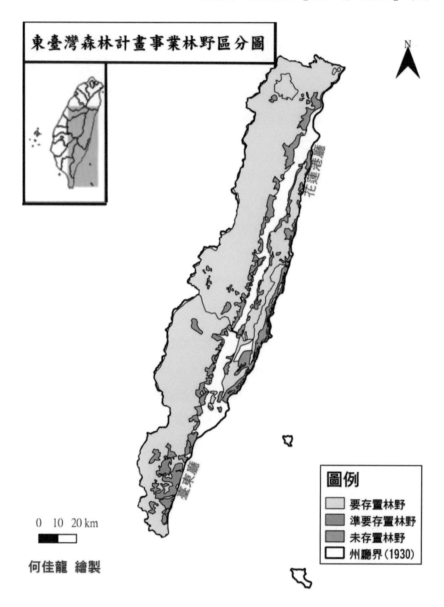

圖 2-2-1 東臺灣森林計畫事業林野區分圖
資料來源：臺灣歷史文化地圖(http://thcts.ascc.net/kernel_ch.htm)。

　　〈高砂族授產年報〉記載，森林計畫事業劃設之準要存置林野面積爲 201,376 公頃。若依當時位於蕃地內之蕃人人口數約 8 萬餘人，每人以 3 公頃計算，應有 250,000 公頃劃定爲蕃人所要地。[127]但此數字終究爲理想，與日治初期總督府所界定之蕃地領域的 170 萬餘甲相去甚遠。

　　就總督府的觀點而言，「準要存置林野」的所有者是國家，蕃人雖居於此，但僅有使用權，並無所有權。而保留地範圍的估算，乃參酌「北海道開拓移民」，每人 2 町步[128]的標準，再考量臺灣山地實際情況，適度調整所需面積，最後決定以每人 3 公頃爲標準，[129]按定額方式，配給每人居住生產用地，此即爲前述之 250,000 公頃，原住民族生計活動限定地區。[130]

　　殖產局在劃設保留地時，在五萬分之一的地形圖面予以劃定保留地範圍，並未經過實地勘測，其中陡坡、峭壁、斷崖、溪澗等不能耕種的土地，均有可能被劃入準要存置林野之範圍，空有面積但難以利用。再者，蕃人傳統上採「火耕法」耕種，殖產局限定蕃人只能在保留地內從事生計活動之規定，並未考量原住民實地生活情形，難以將其侷限在單一區域，並發揮實質的約束作用。

　　再者，準要存置林野的劃設，依照人數之限量配額方法，但未考量未來蕃人人口逐年增加後，是否仍能依照每人 3 公頃之原則，

---

[127] 顏愛靜、楊國柱，《原住民族土地發展與經濟制度》，頁 206。

[128] 1 町步=1 公頃。

[129] 李文良，〈帝國的山林—日治時期臺灣山林政策史研究〉，頁 192。

[130] 張則民，〈建構原住民族傳統領域制度之研究〉（臺北：國立政治大學地政研究所碩士論文，2010），頁 38。

將保留地隨之調增。目前已經固定之限量土地面積，無法因應未來
蕃人族遞增的人口，將會產生不敷實際生活所需的困難。部落傳統
的生活領域經強制限縮後，將導致環境負載力下降。因此埋下了日
後總督府推行「集團移住」政策之根源。總督府以定耕農墾爲標準
的估算方式，也可以看出，官方希望蕃人變成農民，施行定居農耕
的期待。

表 2-2-1 1930 年林野區分類別與面積統計(單位：公頃)

項目	預定		實際區分結果	
	面積	百分比	面積	百分比
要存置林野	638,000	79%	1,057,129	82%
準要存置林野	115,000	14%	147,443	11%
不要存置林野	55,000	7%	77,934	6%
合計	808,000	100%	1,282,506	100%

資料來源：李文良，〈帝國的山林－日治時期臺灣山林政策史研究〉，頁
192。

第三節　「蕃地開發調查」與集團移住

「蕃地開發調查」計畫，昭和 2 年（1927）首次出現在臺灣總
督府的年度預算項目當中，但未獲通過。往後二年，總督府皆再度
提出預算，昭和 4 年（1929）首度獲得通過，但該年 8 月，因缺乏
經費而被認定爲並非緊急之新事業而擱置。同年 12 月，第 58 回帝
國議會再次通過「蕃地開發調查」之申請，並計畫自隔年起實施，
爲期 5 年。預算獲得通過之後，臺灣總督府隨即在警務局理蕃課設
置「蕃地調查係」，並著手規劃具體的調查方法。昭和 5 年（1930）
9 月 9 日，總督府總務長官，以通達向地方長官指示「蕃地開發調
查實施要綱」、「調查項目」、「調查表樣式」。昭和 5 年（1930）

起，警務局展開為期 10 年的「蕃地開發調查事業」。[131]期程分為三階段辦理：第一階段為昭和 5 年-昭和 9 年（1930-1934）間，主要調查蕃人所要地及集團移住地。調查開始進行的第一年卻爆發了霧社事件，基於安全理由，使計畫暫時被擱置。但隔年（1931）又隨即展開，由於「本調查之施行及本計畫，為本島多年之懸案，而且從本島行政之大局來看，乃時勢之必然要求」。[132]所謂「必然要求」，則應是指 1920 年代中葉起，平地資本逐漸進入山地，隨之而來山地所必須面對的新局面。

昭和 6 年（1931），總督府召開州蕃課長（係長）會議。確認了蕃地開發調查「實施方法要綱」中的基本原則，將「蕃地開發調查」分為關於蕃人的蕃人調查和關於土地的蕃人所要地調查。

蕃人調查，進行時以蕃社為單位，以各州、廳在其監視區配置調查擔當者從事調查為原則，必要時以其他職員執行或協助調查。州知事、廳長，指揮監督各自轄區內調查之執行：郡守、支廳長，承知事、廳長之，指揮監督轄區內調查之執行；擔任監視區監督的警部、警部補，在本調查執行期間，視察事務之整理與執行之當否，每個月至少向郡守、支廳長報告 1 次。調查於翌年 5 月底結束，由擔任者向郡、支廳；郡、支廳向州、廳；州、廳向總督府的程序檢查、整理調查資料，層層上報。每年 7 月底之前，前年度的調查報告書彙集總督府。

---

131 岩城龜彥，《臺灣の蕃地開發と蕃人》，頁 11。
132 岩城龜彥，〈蕃地開發調查方法の變更に就て〉，《理蕃の友》1(3)，頁 1。

蕃人所要地調查，由總督府職員直接為之，以郡、支廳轄內的蕃地為一調查區，全島共分成 23 個調查區，依每調查區內蕃人之戶數、人口、生活狀態，分別決定預估所要地：如因土地之狀態等原因，難以在該調查區內獲得預估所要地時，衡量蕃人能否移住的狀況，在其他調查區預估其不足之所要地。[133]

對蕃人調查來說，昭和 6 年（1931）為首度之調查。在所要地調查方面，預定第 1 班應調查臺北州羅東郡、高雄州旗山郡及屏東郡、花蓮港研海支廳；第 2 班調查新竹州大溪郡、新竹郡、臺東廳里壠支廳。但由於新竹州大溪郡ガオガン（料坎）蕃將移住南勢溪上游與其支流交會處，臺北州文山郡ハブン（哈盆），必須對集團移住之諸設施做細密調查。因此第 1 班改為調查文山郡ハブン（哈盆）、シラック（新樂）及花蓮港研海支廳，第 2 班也調查了新竹州大溪郡的一部分及新竹郡，另外也調查了原訂由第 1 班調查的高雄州旗山郡及屏東郡的一部分。預定在昭和 6 年（1931）年底，第 1 班可完成研海支廳的所有調查。第 2 班則在加緊調查臺東廳大武支廳及高雄州恆春郡牡丹社的牡丹社蕃新移住預定地。前述文山郡ハブン（哈盆）是高山環繞的溪谷，日照不足，且土壤保水力強，排水不佳；又加以病蟲害與旱災，導致水稻收穫不佳，只得移住他處。總督府在ハブン（哈盆）案例也充分了解到「移住後首要謀求糧食的充足」。[134]

---

[133] 岩城龜彥，〈臺灣の蕃地開發調查に就て〉，《臺灣農事報》293，頁 13。
[134] 陳秀淳，《日據時期臺灣山地水田作的展開》，頁 64。

　　然而，調查順序未能依照當初的預定進行，進度也嚴重落後。於是理蕃課決定延長調查期限 3 年。調查之範圍不再依原來之預定計畫，而改為實查現在田畑及將來田畑可耕適地之所在，記入五萬分之一蕃地地形圖。水田適地，為配合蕃人移住政策之推動，進行實測並製作五千分之一地形圖。可以說將蕃人所要地調查範圍限縮為集團移住適用地的調查。

　　蕃地開發調查第一階段的調查結果顯示：居於位置偏遠、交通不便且缺乏適當農耕地的地區，共有 30,108 人需要移住。其中因蕃社人口過剩而須移住者有 11,872 人；需要全社移住者，有 18,236 人。就蕃社數目來看，完全不需要移住者，有 235 社；蕃社中部分人口須移住者，有 109 社；全社皆須移住者，有 113 社。此外，也針對蕃社標高與集團移住之關係進行了詳細調查。不需要移住及人口過剩一部分要移住的蕃社主要分布於標高 3,000 尺以下的範圍。而全社要移住的蕃社則主要分佈於標高 3,000 尺 [135] 以上，佔該性質蕃社的 70%左右。[136]

　　「蕃地開發調查」也發現森林計畫調查所認定的「蕃人所要地」面積為 205,193 公頃，其中不適合生存之面積計有 23,604 公頃，因此予以去除，並自蕃地及山腳「民」、「蕃」交接處之土地，追加 62,336 公頃的土地面積，作為集團移住所用，但當局發現若以每人 2.885 公頃面積計算，尚缺 9,054 人次之所要地面積。因此，尚須調整「蕃人所要地」之面積。當局加入其他土地，調整過後之蕃人所

---

[135] 1 尺=0.30303 公尺。
[136] 岩城龜彥，《臺灣の蕃地開發と蕃人》，頁 302。

要地面積，較能符應該調查原訂 24 萬甲、8 萬蕃人、每人 3 公頃的
理想；也因注意土地品質的差異，較接近土地的利用現狀。[137]

表 2-3-1 蕃人所要地調查之蕃社標高與移住概況

標高	定着蕃社		部分要移住蕃社		全社要移住蕃社	
	蕃社數	比率	蕃社數	比率	蕃社數	比率
5,000 尺以上	0	0%	1	1%	17	15%
4,000～5,000 尺	8	3%	2	2%	39	35%
3,000～4,000 尺	25	11%	12	11%	23	20%
2,000～3,000 尺	48	20%	44	40%	19	17%
1,000～2,000 尺	82	35%	31	28%	14	12%
1,000 尺以下	72	31%	19	18%	1	1%
合計	235	100%	109	100%	113	100%

資料來源：岩城龜彥，《臺灣の蕃地開發と蕃人》，頁 302。

表 2-3-2 日治後期「蕃人所要地」面積

	蕃地(1934)	蕃人所要地(1939)	蕃人所要地佔蕃地比例
臺北州	177,262.5931	35,918.7792	20%
新竹州	188,556.5486	69,630.2282	37%
臺中州	390,325.4247	28,684.2184	7%
臺南州	44,111.0360	10,433.8718	24%
高雄州	294,773.6636	16,113.5188	5%
花蓮港廳	339,459.8533	40,487.4388	12%
臺東廳	231,208.4515	76,026.0668	33%
合計	1,665,707.5708	277,314.1692	17%

資料來源：林淑雅，〈解／重構台灣原住民族土地政策〉，頁 3-5。

---

[137] 李文良，〈帝國的山林—日治時期臺灣山林政策史研究〉，頁 211。

　　第二階段爲昭和 10 年至昭和 12 年（1935-1937），因有關「高砂族調查」之集計尙未完成，並加入「要移住高砂族的定住豫定地」之調查。主要調查應移住蕃社的移住適地，包括：臺北州蘇澳タンオウ社（東澳）；臺中州新高郡タマロワン社（達瑪巒）[138]、マンタ—サン社、イシガン社（伊西干）[139]、ナイフンボ社（內茅埔）、ナマカバン社（楠仔腳萬）；花蓮港廳鳳林支廳エフナン社（埃夫南）[140]、玉里支廳セイスイ社（清水）、コノホン社（可諾風）[141]、ハハビ社（哈哈比）、中平社、ロブサン社（崙布山）[142]；高雄州潮州郡サンサン社（三山）、オバカル臺地（Obakaru）、バケモノ臺地、マガュン、ナギサル（南沙魯）、秀美臺，恆春郡牡丹社；新竹州大溪郡上ウライ（上宇內）社；臺東廳里壠支廳トラン山（都蘭山）西部等 23 處。並進行移住適地之水田開墾、圳路開鑿等設計。[143]也將第一階段 5 年間調查所得資料編撰爲六册高砂族調查書。

　　第三階段爲昭和 13 年至昭和 14 年（1938-1939）間，由於第一、二階段的所要地調查僅將調查結果標示在五萬分之一地圖上，民蕃之間出現土地界線間之爭議。再加上資本家及民間企業逐漸進入東臺灣蕃地開發。總督府也希望在「先進」蕃社中調查每個人各筆用

---

[138] 今南投縣信義鄉地利村。
[139] 今南投縣信義鄉雙龍部落。
[140] 今花蓮縣卓溪鄉紅葉部落。
[141] 今花蓮縣卓溪鄉古風村。
[142] 今花蓮縣卓溪鄉崙山村。
[143] 吳密察，〈蕃地開發調查與「蕃人調查表」、「蕃人所要地調查書」〉，《原住民族文獻》32：2017。

地的面積及利用狀況，並檢討插入性移住的可能性。[144]也就是說，殖民政府企圖更進一步掌握蕃社內個人擁有、利用土地的情形，為日本企業家進入蕃地開發提高可能性。因此，第三階段主要的項目有二：一為所要地調查，一為個人使用調查。

蕃人所要地調查調查區域內蕃人之戶數、人口、生活狀態，並推估所需要的「蕃人所要地」面積。如因土地之狀況等情況，難於該調查區域內覓得蕃人所要地時，即考慮蕃人能否移住等狀況，並調查此區域內原住民集團移住所需之土地狀況。調查順序以蕃地為國有林野者，在國有林野區分調查被決定為準要存置林野之地域為第一優先。再者為前項以外蕃地內之國有林野及普通行政區域內之國有林野。此項目由總督府警務局之職員負責，實際從事調查的人員編制，分為：事務官、技師、屬、技手、囑託員、雇員、常備夫。其中技師和技手、囑託員、雇員在調查中扮演重要角色。[145]調查項目主要分為：高砂族所要地的分割、農耕適地、畜牧適地、造林適地、果樹栽培適地、養魚適地、氣象狀況及衛生狀況。[146]由此可知，「蕃人所要地調查」，與集團移住政策具有相當的因果關係。

根據蕃人所要地調查可以得知，蕃人的耕作範圍不僅限於「準要存置林野」，由於蕃人習慣採取燒山墾林的游耕農業型態，在「要存置林野」內也有許多蕃人所耕作的旱田、陸稻，甚至是水田與埤圳。[147]然而，總督府當初在施行區分調查時，只是簡單劃定了官、

---

[144] 岩城龜彥，〈蕃地調查事業を終りて〉，《理蕃の友》9(5)，頁 1。

[145] 吳密察，〈蕃地開發調查與「蕃人調查表」、「蕃人所要地調查書」〉。

[146] 岩城龜彥，《臺灣の蕃地開發と蕃人》，頁 16-18。

[147] 李文良，〈帝國的山林－日治時期臺灣山林政策史研究〉，頁 211。

蕃之界線，並未考慮到因爲蕃人輪耕制度，也未將暫時處於休耕狀態的山林土地列入考量，導致森林計畫事業所劃定的保留地與蕃人實際居住之現狀不符。其次，調查將每位蕃人都分配固定面積的土地，此舉也忽略了部落內的社會階級關係，以及個人土地多寡之地位差異。如原本擁有廣大土地的族人，卻與持有小面積土地的族人獲得同樣的土地；或是部落中的貴族與平民卻擁有相同面積的土地。以上二者皆忽略了部落社會的貧富不均問題。況且，許多蕃人不了解保留地的意義與範圍，可能無法接受自己所使用的土地被劃爲官有的事實。若貿然實施恐引來蕃人的反彈，甚至引發暴動而徒然無功。

因此，「蕃地開發調查」首要目標，爲給予蕃人足以維持安定生活的土地，規定蕃人所要地每一人面積當以 3 陌（3 公頃）爲限。而在此基準下，以劃爲準要存置林野內之的蕃地，優先容納此區域的蕃人生存。倘若調查區內之土地狀況不適宜作爲蕃人所要地，則另於其他調查區查定之。原則上先選擇官有林野中已區分爲準要存置林野之山地爲之，其次爲山地中之官有林野或普通行政區域內之官有林野。居住於「蕃人所要地」不足的蕃人，便隨著「蕃地開發調查」之順序，逐年制訂集團移住之相關計畫。增加土地使用品質。[148]相較於森林計畫事業區分調查，蕃地開發調查已進一步注意到蕃人實際生活所需要的土地問題，而不僅止於區分調查的圖上作業程序而已。

---

[148] 岩城龜彥，《臺灣の蕃地開發と蕃人》，頁 36-40。

由殖產局主導的森林計畫事業，以林政的角度出發，因此所劃定的蕃人保留地多位於低利用價值的「奧部高山地帶」，再加上林政官員往往考慮林野的完整性，時常將蕃人的耕作地劃入「要存置林野」中。因此，當警務局執行蕃地開發調查時，即是以農業技術之立場為出發點，重新調整蕃人的保留地。[149]

總督府認為，「蕃地開發調查」的目的在於確立蕃人的生活安定。但「蕃人調查」與「蕃人所要地調查」使殖民政府得以更有效掌握蕃社內蕃人的土地利用狀況乃至於蕃社間之關係親疏與否。本調查可以讓總督府更有效了解蕃人的生活空間與概況，並有利於日後為企業尋找栽植預定地及進行集團移住政策時樹立合法依據。[150]對其開發山林資源有更大的助益。

為何警務局要在殖產局山林課已劃定準要存置林野後，再以蕃地開發調查調整其面積與座落？《森林計畫事業報告書（下卷）》認為是承先啟後。洪廣冀則認為，前述面積與座落的差異，在於警務局難以認同山林課將蕃人移住與耕作地以要存置林野為準來辦理的作法，而試圖透過蕃地開發調查來重新定義。[151]此為林政與理蕃部門在面對臺灣山林多為蕃人所「割據」之現實時，於態度及治理手段上的差異。因此森林計畫事業與蕃地開發調查的關係不只是斷裂與延續而已。

---

[149] 岩城龜彥，《臺灣の蕃地開發と蕃人》，頁 196。

[150] 顏愛靜、楊國柱，《原住民族土地發展與經濟制度》，頁 210。

[151] 洪廣冀、羅文君、胡忠正，〈從「本島森林的主人翁」到「在自己的土地上流浪」：臺灣森林計畫事業區分調查的再思考（1925－1935）〉，頁 86。

第四節 「山地開發調查事業」與山林支配

在完成林野調查事業、林野整理事業、森林計畫事業與蕃地調查事業後，殖民政府已經可以了解並掌握大部分的山地資源。接下來，若能有效利用山地的土地進行農業生產與增加可耕地面積，並將山區所蘊藏之自然資源加以開發，就能將拓殖完整推進至山地區域。在此背景之下，昭和 11 年（1936）由總督府殖產局主導進行為期 4 年的「山地開發調查」。不同於森林計畫事業以森林計畫經營方針為目標；而蕃地開發調查試圖有效掌握蕃人生活概況與空間分布。山地開發調查之經費編列在殖產局農務課下，可見該事業是以山地之「農業」開發為著眼點。[152]其背景如下：

一、尋求在山地栽種熱帶經濟作物。

二、尋求在山地擴張耕地，以解決普通行政區域可耕地不足之問題。

三、尋求在山地開發合適土地以招攬內地移民，解決日本人口過剩之問題。

四、尋求在山地生產農產品與乳製品，供應平地人民之需求。

五、尋求在山地開發礦產。

六、尋求在山地開發水力發電，提供本島電力需求。[153]

昭和 11 年至 14 年（1936-1939），殖產局在「為資將來山地之合理利用並其富源開發，先針對山地農業開發及其他相關方面調查

---

[152] 李文良，〈帝國的山林－日治時期臺灣山林政策史研究〉，頁 249。
[153] 顏愛靜、楊國柱，《原住民族土地發展與經濟制度》，頁 214。

研究，同時對於森林計畫事業與蕃地開發調查等既有的計畫調查再行考察，以樹立山地綜合利用開發計畫。」[154]為主旨進行調查。森林計畫事業針對「要存置林野」，以從林業、林政的角度著眼；蕃地調查事業則主要針對準要存置林野，尋求蕃地保留地之開發方法；至於山地開發調查事業則是以森林計畫事業中之不要存置林野為主，其餘無論是要存置林野、準要存置林野或尚未被列入森林計畫事業所調查的區域，只要較具有開發價值者皆被列入調查範圍。[155]

總督府先針對土地所在區域施行大範圍的現狀調查，再選定最適於開發的土地，施行概略計畫調查。昭和 11 年（1936），殖產局農務課分為兩次，進行所謂的「山地開發之基礎調查」。再以總督府技師平澤龜一郎與臺北帝國大學教授奧田彧組成調查團，自臺北出發，沿著南臺灣與東臺灣山地，進行了 25 天的「山地開發調查之預備調查」後。[156]並向總督小林躋造提出報告，建議可先開發嘉義高雄內山為內地移民適地、臺東廳大武支廳山地為大企業適地、高雄州恆春郡為林內移民適地。

在調查後若經選定為「栽植企業預定地」，原屬不要存置林野者當然可加以使用，要存置林野亦可解除供使用，甚至部分的準要存置林野，都藉由理蕃課調查後准予解除，實在無法解除者則列為獎勵區域，使當地蕃人在當局及企業指導下進行企業栽植。

---

[154] 臺灣總督府山地開發調查委員會，《第一回山地開發調查委員會概況》（1937），頁 16。
[155] 李敏慧，〈日治時期臺灣山地部落的集團移住與社會重建--以卑南溪流域布農族為例〉，頁 92。
[156] 李文良，〈帝國的山林－日治時期臺灣山林政策史研究〉，頁 251。

　　昭和 12 年（1937），總督府公布訓令第 2 號〈山地開發調查委員會規程〉，設置山地開發調查委員會，決議自嘉義內山與大武恆春進行「現狀調查」。同一時間，臺灣拓殖、蘇門達臘興業、臺東殖產與鹽水港製糖等會社，也對臺東地方多處山地提出山地開發申請。於是總督府為了「促進熱帶有效資源與東臺灣地區之開發」。自 8 月 19 日起展開原預定調查區外的「補足現狀調查」，範圍為臺東廳臺東郡及高雄州潮州郡與恆春郡內的地域。[157]

　　昭和 13 年（1938）1 月，總督府舉行山地開發調查委員會第二次會議，並通過「臺東郡地方山地開發要綱」，提供部分高砂族保留地作為企業栽植用地，其面積為 4,588 甲，其中準要存置林野共 2,031 甲，必須解除以提供企業栽植之用；要存置林野也有 2,557 甲轉為在企業者指導下，進行企業栽植。[158]並於日後繼續調查東部地方、10 月調查臺中州與中、北部山地。完成現狀調查的面積為 200,222 甲，提供當中的 71,525 甲作為企業用地。[159]

　　而「山地開發調查事業」對於日治時期臺灣的山林開發帶來何種意義與影響？李文良認為有二大層面，首先是昭和 10 年代的臺灣山地開發側重先前不被重視的臺灣東部與南部山地，是臺灣作為「熱帶」與「殖民地」，再次被顯在化的時期。意味著臺灣南部山地繼明治 40 年代的北部後，也進入了開發的年代；再者，「山地開發」正式將「農業」拓殖開發理念導入山地，使得先前總督府在

---

[157] 李文良，〈帝國的山林－日治時期臺灣山林政策史研究〉，頁 253。
[158] 顏愛靜、楊國柱，《原住民族土地發展與經濟制度》，頁 214。
[159] 李文良，〈帝國的山林－日治時期臺灣山林政策史研究〉，頁 255。

林政與理蕃理念下所建立的山林秩序也面臨重新調整。[160]顏愛靜與楊國柱指出，「山地開發調查事業」基於經濟因素重新檢討森林計畫事業劃作高砂族保留地之準要存置林野，將其解除作為企業栽植之用，其目的完全與「蕃人所要地」調查不同。反而欲利用當地原住民之勞力，來解決企業栽植所需之勞力需求。並扶植企業家來開發山林資源。[161]矢內原忠雄的論點，認為東部臺灣排斥了資本家企業的入侵，不會有如西部的鉅額資本累積與大量商品出口，擔起而代之的是和平與自由，並以複雜人種構成的殖民地社會的和平協調生活為目標。[162]筆者認為，在「山地開發調查事業」勃興，資本家進入山林並將原住民充作勞力後，這樣和平的「烏托邦」已經消失。此外，雖然都是在山林中進行農業活動，但「蕃地水田農業」目的在於以定耕將蕃人侷限在高砂族保留地內。除了因位於淺山區域，而較易監控之外，並且透過水稻栽種使其成為生產者，農產量的高低績效或許並非當局最重要的考量。而山地開發調查則直接進入山林，將蕃人視為企業進入山林開發的勞動力來源，也為了國家利益，解編了先前的高砂族保留地。此一政策之改變可視為太平洋戰爭對帝國山林政策之直接影響。

---

[160] 李文良，〈帝國的山林－日治時期臺灣山林政策史研究〉，頁 257。

[161] 顏愛靜、楊國柱，《原住民族土地發展與經濟制度》，頁 215。

[162] 林明德譯、矢內原忠雄著，《日本帝國主義下之臺灣》（臺北：吳三連臺灣史料基金會：2014），頁 146-147。原著成書年代為 1929 年，山地開發調查事業尚未列入總督府規劃。

表 2-4-1 企業申請山地開發與植栽一覽表(臺東地方)

地域	申請者	預定栽植作物	申請面積(甲)
上原	蘇門達臘興業株式會社	咖啡、可可	800
初鹿	蘇門答臘興業株式會社	咖啡、可可	1,300
利家	蘇門答臘興業株式會社	咖啡、可可	450
射馬干	臺東殖產株式會社	蓪草、楮	200
知本溪右岸	臺灣拓殖株式會社	規那、魚藤	2,000
太麻里一帶	蘇門答臘興業株式會社	茶、咖啡、可可	1,460
クラヌン溪	臺灣拓殖株式會社	規那、魚藤、棉花	2,008
金崙山一帶	鹽水港製糖株式會社	油桐、ナタルバーク	3,784
エナバリ山一帶	鹽水港製糖株式會社	規那	318
金崙溪右岸	蘇門答臘興業株式會社	茶、咖啡、可可	590
大竹高溪口左岸	蘇門答臘興業株式會社 臺灣拓殖株式會社	茶、咖啡、可可 茶	420 905
バリブガイ	臺灣拓殖株式會社 鹽水港製糖株式會社	規那、茶 茶	743 558
タバカス(他巴卡斯)西方	鹽水港製糖株式會社	茶、油桐	560
浸水營東方	蘇門答臘興業株式會社	茶	1,532
大鳥萬溪上游	鹽水港製糖株式會社	茶、油桐、輕木、ナタルバーク	1,092
大武溪右岸	蘇門答臘興業株式會社	茶、咖啡、可可	2,380
阿塱壹溪	森永製果株式會社 蘇門答臘興業株式會社	咖啡、可可 茶、咖啡、可可	2,000 865
チサバン山東方	蘇門答臘興業株式會社 鹽水港製糖株式會社	茶、咖啡 茶、咖啡	580 380
牡丹與牡丹灣	鹽水港製糖株式會社 蘇門答臘興業株式會社	可可、輕木、ナタルバーク 茶、咖啡、可可	2,783 2,450
合計			26,085

資料來源：臺灣總督府殖產局農務課，《山地開發概略計畫調查書：臺東地方》，頁 2-4。

表 2-4-2 山地開發調查企業栽植用地之高砂族保留地

所在地	事業地總面積(陌[163])	植栽地面積(陌)	栽植作物	處理方式
臺東郡蕃地	2,114	956	單寧科植物、茶、規那	準要存置林野 180 陌，解除供使用或改為獎勵區域
臺東郡蕃地及太麻里庄	2,007	1,000	單寧科植物、油桐	準要存置林野 20 陌，解除供使用
臺東郡蕃地	930		油桐、規那、茶	準要存置林野 12 陌，解除供使用
臺東郡蕃地	647		單寧科植物、茶	準要存置林野 240 陌，解除供使用或改為獎勵區域
臺東郡蕃地	1,088		單寧科植物、茶、規那	準要存置林野 353 陌，做為獎勵區域
臺東郡蕃地	1,082		單寧科植物、茶、薑黃	準要存置林野 707 陌，做為獎勵區域
臺東郡蕃地及大武里	3,980		茶、咖啡、可可	準要存置林野 1,147 陌，解除供使用或改為獎勵區域
臺東郡蕃地及大武里	3,970		單寧科植物、茶、咖啡、可可	準要存置林野 273 陌，做為獎勵區域
高雄州潮州郡、恆春郡蕃地	1,589		單寧科植物、白檀、土根	準要存置林野 144 陌，解除供使用
玉里郡蕃地	1,068		柑橘、苧麻、蓖麻、咖啡	準要存置林野 656 陌，解除供使用
玉里郡蕃地	3,962		苧麻、規那、樟樹、茶	準要存置林野 88 陌，解除供使用
關山郡蕃地	717		規那	準要存置林野 630 陌，解除供使用
合計	23,154			準要存置林野 4,450 陌

資料來源：顏愛靜、楊國柱，《原住民族土地發展與經濟制度》，頁 216。

---

[163] 1 陌 =1 甲 。

第三章　東臺灣的集團移住

第一節　集團移住政策前的東臺灣蕃社遷徙

　　清帝國統治初期，並未積極介入管理臺灣的內部事務。對於島中廣闊的中央山脈「番界」內的原住民，更是無法介入與控制。更遑論了解各部落之人口與遷徙之變遷歷史。日治時代初期，總督府忙於平定臺灣平地地區之抗日事件，起初無暇顧及山地，一直要等到佐久間左馬太總督推動「五年理蕃計畫」，著手於隘勇線推進與掃蕩「生蕃」等積極的理蕃政策後，才逐步了解位於「蕃界」內的「蕃人」之各項情報。對於集團移住政策之前，蕃社究竟如何遷徙，其中是否有經過合併或是分裂。可透過臺灣總督府警務局於昭和 13 年（1938）發行之《高砂族調查書 第五冊》爲藍本，該書爲總督府於昭和 6 年（1931），透過人類學的方式進入蕃社調查，以敘述式的方式呈現各蕃社之概況，包含蕃社的地理位置、地勢、氣候、沿革變遷與仇敵關係。

　　筆者查閱《高砂族調查書 第五冊》內所有下轄於花蓮港廳與臺東廳之蕃社，可大略將其早期的部落遷移原因，分爲以下數項：

　　一、尋找農耕適地：此爲集團移住政策前，東臺灣蕃社遷徙最主要的原因，所占蕃社數量也是最多的。如花蓮港廳轄下玉里支廳之レクネ（雷個尼）、清水、イソガン（伊特幹）[164]、アポラン（阿波蘭），鳳林支廳マホワン社（馬候宛）、花蓮支廳ムキイボ社（依

---

[164] 今花蓮縣卓溪鄉崙天部落。

柏合）[165]。臺東廳轄下大武支廳トコゴ（讀古梧）、ジョモル（九汶）、アロヱ（阿塱壹）[166]、チョカクライ（就卡固來），里壠支廳トコバン（杜庫板）、ハイトトワン（海端）、サクサク（沙克沙克）、利稻、マテングル（摩天）、スンヌンスン（喜儂頌）[167]、里壠山[168]與楠社[169]等蕃社。

二、人口增加，原蕃社難以負荷：因此類理由而進行遷徙蕃社數量亦多。如花蓮港廳轄下玉里支廳ロブサン（崙布山）、ババフル（巴巴夫魯）[170]，研海支廳サカダン（沙卡礑）[171]、デカロン（得卡倫）、ホーホス（赫赫斯）[172]、シラガン（西拉岸）、ブセガン（玻士岸）[173]、コロ（古魯）等。臺東廳則有大南社、里壠支廳丹那社、マンテウ（網綢）[174]、ダイロン（大崙）、パリラン（巴里蘭）社。其中里壠支廳エバコ（伊法胡）[175]社，位於新武呂溪支流霧鹿溪右岸山腰的急斜坡地，1820 年左右，即因人口增加而耕地不足，加上採輪耕方式，不施肥料，因此土地貧瘠，需尋覓新適地而遷移至此地。[176]

---

[165] 今花蓮縣秀林鄉榕樹部落。
[166] 今臺東縣達仁鄉安朔村。
[167] 今臺東縣延平鄉永康部落。
[168] 今臺東縣延平鄉崁頂部落。
[169] 今臺東縣延平鄉紅石部落。
[170] 今花蓮縣卓溪鄉卓樂部落。
[171] 今花蓮縣秀林鄉大同部落。
[172] 今花蓮縣秀林鄉大禮部落。
[173] 今花蓮縣秀林鄉富世村。
[174] 今臺東縣海端鄉錦屏部落。
[175] 今臺東縣海端鄉下馬部落。
[176] 中研院民族所編譯 臺灣總督府警務局理蕃課原著，《高砂族調查書 五

三、尋覓新獵場：花蓮港廳玉里支廳ラクラク（拉庫拉庫）、
ナナトク（那那托克），花蓮支廳モツクエ（木瓜）、マヘヤン（馬
黑洋），研海支廳ロチエン（路金）、臺東廳大武支廳カアロワン
（卡阿路灣）[177]、バジヨロ（巴舊羅）、タバカス（他巴卡斯），
里壠支廳ササビ（沙沙比）、ブルブル（霧鹿）、マスボル（麻須
保留）、パカス（巴喀斯）等社，皆因發現較好的獵場而遷移至現
地。[178]

四、與他族爭鬥或不睦：花蓮港廳研海支廳ウイリ（威里）社
太魯閣族因不堪長期與阿美族爭鬥與壓迫，爲尋覓安居之地而遷移
至現地。[179]カシバナ（喀西帕南）社，部分布農族人與卑南阿美、
奇密阿美發生衝突，爾後雙方和解，約於西元 1850 年左右移住至
中社。[180]イホホル（伊霍霍爾）社布農族原居於拉庫拉庫溪左岸，
但因遭阿里山蕃襲擊，於 1851 年左右移住至現地。[181]臺東廳打腊
打蘭、近黃社、ツダカス（庫塔卡斯）社，皆曾因遭大南社襲擊而
遷移蕃社。[182]

蕃社概況》（臺北：中研院民族所：2010），頁 436。

[177] 今臺東縣金峰鄉嘉蘭村。

[178] 中研院民族所編譯 臺灣總督府警務局理蕃課原著，《高砂族調查書 五
蕃社概況》，頁 446。

[179] 中研院民族所編譯 臺灣總督府警務局理蕃課原著，《高砂族調查書 五
蕃社概況》，頁 525。

[180] 中研院民族所編譯 臺灣總督府警務局理蕃課原著，《高砂族調查書 五
蕃社概況》，頁 486。

[181] 中研院民族所編譯 臺灣總督府警務局理蕃課原著，《高砂族調查書 五
蕃社概況》，頁 491。

[182] 中研院民族所編譯 臺灣總督府警務局理蕃課原著，《高砂族調查書 五
蕃社概況》，頁 372、397、398。

五、原蕃社土地貧瘠：花蓮港廳研海支廳カウワン（加灣）[183]、
ソワサル（蘇瓦沙魯）、シカラハン（希卡拉汗），鳳林支廳マフ
ラン（馬忽蘭），玉里支廳コソン（古松）、タビラ（太平）。臺
東廳大武支廳マリブル（麻里霧）、パウモリ（杷宇森）社。

六、原居地衛生不佳或傳染病流行：大武支廳大竹高因傳染
病流行，死亡者多、族人認為不吉，而遷居至現地。[184]甘那壁族
人原居於鴿子籠社，但約於西元 1780 年左右發生天花疫情，因此
移住。[185]

七、採行輪耕，原居地力流失：臺東廳里壠支廳的スバラナン
（殊拔拉南）、カイモス（戒莫斯）、ココオズ（咕咕入）等布農
族蕃社因輪耕地力盡失，土地荒廢後於狩獵途中發現適地，並移
住。[186]カナスオイ（加拿）[187]也因布農族輪耕不施肥而廢棄耕地輾
轉遷徙，於明治 43 年（1910），遷入位於加拿溪上游左岸的現地。[188]

除了以上幾類主要的移住原因之外，天然災害也是造成蕃社遷
徙的重要原因：里壠支廳ブツグス（布奏克斯）、ブブヌル（布布
奴兒）、ハハオル（哈昊兒）因東北方無名山崩塌，導致利稻平原

---

[183] 今花蓮縣秀林鄉景美村。
[184] 中研院民族所編譯 臺灣總督府警務局理蕃課原著，《高砂族調查書 五
蕃社概況》，頁 367。
[185] 中研院民族所編譯 臺灣總督府警務局理蕃課原著，《高砂族調查書 五
蕃社概況》，頁 368。
[186] 中研院民族所編譯 臺灣總督府警務局理蕃課原著，《高砂族調查書 五
蕃社概況》，頁 460。
[187] 位於今臺東縣海端鄉加拿村。
[188] 中研院民族所編譯 臺灣總督府警務局理蕃課原著，《高砂族調查書 五
蕃社概況》，頁 452、456。

大半遭土石埋沒，農作物收穫短缺，因此遷居。[189]大武支廳太麻里社原居太麻里溪左岸山腳處 Sinapayan，但遭遇太麻里溪氾濫而耕地流失，族人便決議遷至現地。[190]鳳林支廳タガハン（大加汗）[191]位於馬里勿溪[192]左岸，明治 30 年（1897）年，大洪水使原居於此的布農族往南遷移，木瓜蕃乃趁機遷來此地。[193]

　　自然環境的優劣與限制決定了蕃社的發展性，如玉里支廳タツケイ（卓溪），原居於喀西帕南山東北方山腰海拔 1,650 公尺斜坡，1850 年左右，因地勢陡峭不利農耕而決定遷至針塑山南方山腰斜坡地（今花蓮縣卓溪鄉）現地。[194]大武支廳西テバパオ（西吉發發屋）原居姑仔崙溪上游，因缺乏水源且有暴風雨來襲造成蕃屋破損，於明治 3 年（1870）移住現地。[195]大武支廳大武窟社原居於現地西南約 545 公尺之溪流右岸，但因位置朝北日照不足，於 1830 年左右遷居。[196]花蓮港廳研海支廳シラック（西拉克）原居於ロサオ（洛

---

[189] 中研院民族所編譯　臺灣總督府警務局理蕃課原著，《高砂族調查書　五　蕃社概況》，頁 450、451。

[190] 中研院民族所編譯　臺灣總督府警務局理蕃課原著，《高砂族調查書　五　蕃社概況》，頁 375。

[191] 位於今花蓮縣萬榮鄉明利村下部落。

[192] 萬里溪的舊稱，為花蓮溪的支流之一，流經花蓮縣萬榮鄉與鳳林鎮兩鄉鎮。

[193] 中研院民族所編譯　臺灣總督府警務局理蕃課原著，《高砂族調查書　五　蕃社概況》，頁 496。

[194] 中研院民族所編譯　臺灣總督府警務局理蕃課原著，《高砂族調查書　五　蕃社概況》，頁 481。

[195] 中研院民族所編譯　臺灣總督府警務局理蕃課原著，《高砂族調查書　五　蕃社概況》，頁 410。

[196] 中研院民族所編譯　臺灣總督府警務局理蕃課原著，《高砂族調查書　五　蕃社概況》，頁 374。

韶）（海拔約 1,290 公尺），但高地氣候寒冷，不利作物生長，乃移居至現地。[197]

　　大武支廳的大鳥萬社原居於拔子洞，傳說約西元 1690 年左右，有 5 戶 28 人遷往加津林溪河口右岸，但有位年輕人遭大蛇纏住，掉入海中而消失，族人認為此事件是一凶兆，乃決定移住現地。[198]大武支廳カラタラン（卡拉達蘭）[199]原居於現地下方海拔約 763 公尺處，但因打雷造成全社失火，族人稱此地為惡魔之地，並遷來現地。[200]對於相信祖靈以及天地神祇的原住民來說，某些不祥的徵兆也是促使其移居的重要因素。

　　整體而言，集團移住前的東臺灣蕃社，早期遷徙的原因多半與自然環境條件有關，如需要新的獵場或農耕適地，抑或人口增加導致原蕃社不堪負荷而必須進行遷移。衛生條件不佳或飲用水缺乏，天然災害的發生，也是使其移住的重要因素。然而遷徙的新地點較為分散，海拔高低處皆有蕃社存在，其戶數與人口也差異甚大，加上與駐在所的距離也較遠，實不利於總督府之統制。以上因素，加上水田農業的推廣，促使總督府將以更強制的方式加強對各蕃社之控制。

---

[197] 中研院民族所編譯 臺灣總督府警務局理蕃課原著，《高砂族調查書 五 蕃社概況》，頁 534。
[198] 中研院民族所編譯 臺灣總督府警務局理蕃課原著，《高砂族調查書 五 蕃社概況》，頁 364。
[199] 位於今臺東縣金峰鄉正興村。
[200] 中研院民族所編譯 臺灣總督府警務局理蕃課原著，《高砂族調查書 五 蕃社概況》，頁 382。

第二節　政策緣起－七腳川事件

　　七腳川社爲東部南勢阿美族的一個大聚落。南勢阿美族的分布範圍：北起花蓮新城北埔，南至壽豐溪。大約位於今日花蓮縣新城鄉、吉安鄉、壽豐鄉及花蓮市、鳳林鎮內部分區域。[201]七腳川社被認爲大約於 14 世紀左右，因原居住地火山爆發，而遷居至今花蓮之加禮宛山，後再遷於奇密。其中一支在吉安山以北坡地定居，後又遷居至吉安山下方山麓的一片曠野居住，並建立了七腳川社。[202]全盛時期勢力範圍幾乎包含了奇萊平原大半土地，生活範圍相當遼闊。

　　七腳川社四周的族群分布多元，且遷徙頻繁，不同族群之間的互動關係，必須以動態的方式加以了解。七腳川社北面有太魯閣群，東爲南勢阿美六社，南方木瓜溪流域山區則有木瓜蕃，木瓜溪上游則有巴托蘭各社。由於四周圍繞的族群大多善戰勇猛，因此七腳川社也具有相當強悍的民族性格。

　　日本領臺初期，對七腳川社採取「以蕃制蕃」的統治手段，利用七腳川社素來與太魯閣群敵對的關係，遏止其南下奇萊平原。七腳川社也曾於明治 30 年（1897）協助日軍討伐太魯閣群。由於殖民政府認爲七腳川社可以信任，並可阻止太魯閣群南下，因此並無對其限制槍枝與彈藥數量。[203]

---

[201] 林素珍、林春治、陳耀芳，《原住民重大歷史事件－七腳川事件》（南投：國史館臺灣文獻館：2005），頁 13。

[202] 林素珍、林春治、陳耀芳，《原住民重大歷史事件－七腳川事件》，頁 18。

[203] 林素珍、林春治、陳耀芳，《原住民重大歷史事件－七腳川事件》，頁

　　明治 37 年（1904）森尾茂助接任臺東廳長，他改變了前任廳長相良長綱以教育和安撫爲主的蕃地政策，改由警務課接管蕃人事務，必要時以威壓方式展現殖民政府之威權。七腳川社意圖收回被太魯閣群所佔領之土地，多次提出請求，自願協助討伐太魯閣群，然殖民政府認爲此舉無視於政府的威權，也蔑視日軍的戰力。雖然依賴七腳川社進行「以蕃制蕃」，但又不願讓其任意對太魯閣群進行攻擊，因此多次不准許七腳川社之攻擊請求。也使得七腳川社被總督府視爲，「自恃實力，態度頗爲傲慢」。[204]埋下七腳川事件之遠因。

　　明治 41 年（1908）12 月 13 日下午 7 時，在維李隘勇線從事勤務工作之七腳川社出身隘勇攜眷逃走，潛伏於七腳川社西方之山中。在日本的人眼中，他們「放縱無度，懶惰成性，屢屢擅離職守回家，警戒工作頗受影響。」[205]因此將他們調動至全線各處勤務，不少隘勇非常憤慨，認爲故鄉七腳川派出所之警察官吏及頭目、耆老偏袒，於是逃至山中，企圖先殺頭目及耆老，然後殺害警察官吏洩憤。緊張情勢一觸即發。[206]就七腳川社耆老的觀點，七腳川事件爆發的主因，在於日方長期勞役七腳川人，尤其輪調防守隘勇線對生活家計產生很大的影響，日方又不按時發放薪資，因此累積諸多不滿情緒。[207]

65。
[204] 陳金田譯，《日據時期原住民行政志稿 第一卷》，頁 652。
[205] 陳金田譯，《日據時期原住民行政志稿 第一卷》，頁 653。
[206] 陳金田譯，《日據時期原住民行政志稿 第一卷》，頁 653。
[207] 林素珍、林春治、陳耀芳，《原住民重大歷史事件－七腳川事件》，頁 87。

12 月 15 日，在維李與巴托蘭兩隘勇線之其餘七腳川社出身隘勇已相繼逃逸，並聯合住於山中之巴托蘭社人及木瓜蕃，襲擊隘勇線、分遣所及銅文蘭巡查駐在所，加禮宛派出所亦遭部分滋事隘勇襲擊，造成巡查死亡，七腳川社人全部參與滋事。16 日，七腳川警察官吏派出所及軍隊被七腳川社人圍攻。14 日起，總督府開始調派臺東軍隊及警力準備鎮壓，15 日集結於花蓮港。16 日，總督府民政部警察本署警視總長大津麟平親自至前線指揮討伐行動。[208]20日，日軍攻擊木瓜山，21 日起，軍隊及警察自花蓮港開始進行正式的討伐行動，火燒七腳川全社家屋，並燒掉所有穀物庫。23 日對七腳川社山腹進行砲擊，七腳川社族人大多逃走潛伏於深山。24 日，七腳川社大致順服，日軍轉而征討木瓜蕃，在銅文蘭社攻打木瓜蕃與逃至此地的七腳川社族人及巴托蘭社族人。

12 月 22 日，大津警視總長以電報向民政長官提出新設隘勇線之意見書：「此次之搜索討伐、僅實施威嚇而已，逃入山中之 2,000餘敵人暫時可能不會再騷擾平地，但難以保證，必須新設自維李隘勇線，南端經七腳川、達莫南、木瓜山至鯉魚尾止約十里長之隘勇線，並架設鐵絲網加以壓迫，同時防止太魯閣群走私。又該隘勇線完成後，可沒收南勢六社人、北勢十六社人之火槍及七腳川社人之耕地約三千甲。」[209]

民政長官隨即以電報回答原則上同意。臺東廳長乃於 12 月 24日正式向總督呈請本案，26 日獲得認可。新設自維李隘勇線南端，

---

[208] 陳金田譯，《日據時期原住民行政志稿 第一卷》，頁 654。
[209] 陳金田譯，《日據時期原住民行政志稿 第一卷》，頁 658。

經七腳川渡過木瓜溪至銅文蘭，沿鯉魚山下之鯉魚潭及荖溪，至コアオイ（哥阿歪）社附近山頂至鯉魚尾止，7里15町長之隘勇線，並在該隘勇線及維李隘勇線架設通電鐵絲網。[210]隔年（1909）2月17日，隘勇線及通電鐵絲網完工，討伐行動暫告一段落，改為隘勇線封鎖政策。

新設隘勇線與既有之巴托蘭隘勇線長達10里33町，可見總督府意圖利用隘勇線封鎖政策，迫使線外的七腳川社族人歸順，並移住隘勇線內。而藏匿在山區的滋事七腳川社人因受隘勇線壓迫瀕於飢餓邊緣，也開始歸順投誠。3月15日，臺東廳長與大隊長賀來警視一同至鯉魚尾庄參加歸順儀式，共有42戶、145人歸順。[211]

表 3-2-1 七腳川新舊隘勇線內之土地類型及面積(單位：町步)

可墾成水田之地	可墾成園之地	林地	不能開墾或造林之地	合計
1,290	1,500	1,200	60	5,100

資料來源：陳金田譯，《日據時期原住民行政志稿 第一卷》，頁673。

明治41年（1908）12月21日，鹿子木通信局長以電報向大津警視總長提出有關平定後之意見：「此次七腳川社人之暴動，為經營臺東地區之最好機會，希望平定後沒收他們之耕地，並遷至海岸或中部地區之原野從事開墾，然後招致日本人移住七腳川，形成部落耕作。」[212]可見日方早已決定，當七腳川的騷亂暫告一段落後，就將以「集團移住」政策作為後續之處置動作。當隘勇線封鎖政策

---

[210] 陳金田譯，《日據時期原住民行政志稿 第一卷》，頁 670。
[211] 陳金田譯，《日據時期原住民行政志稿 第一卷》，頁 677。
[212] 陳金田譯，《日據時期原住民行政志稿 第一卷》，頁 674。

確立，七腳川社族人有意歸順之時，官方也開始討論並尋覓適合的移住土地。

總督府曾經考慮紅頭嶼作為移住地，但因考量經費過高而作罷。後為處理此事而至臺東之賀來倉太警視於明治42年（1909）3月4日，向警視總長報告關於歸順社人之移住地事項：

一、將全部歸順社人全部遷至海岸附近，但要在總長3里之地分為15、16處居住，社人亦不願意，必須強制執行難以管制，且要在未設派出所之5、6處移住地暫時配置警察官吏指導保護，經費約13,000圓。

二、南勢六社人同意收容140戶，賀田組收容100戶住於吳全城，其餘100戶遷至海岸或卑南附近，所需經費共4,900圓。

三、南勢六社及賀田組收容140戶，另100戶遷至鹿寮附近，剩餘約100戶遷至海岸或卑南附近，需花費7,000圓並配置警察官吏。[213]

方針一之經費過高，遷徙途中亦難以管制，且要暫時配置警察官吏於移住地。由於賀田組現今需要人力耕作蔗園，所以申請收容歸順社人。臺東廳長亦認為歸順社人可就業維持生活，賀田組亦有利益，較容易實行，而且開支較低，因此較屬意方案二。[214]最後，山田代理民政長官選擇方案三為主體，最後移住概況如表3-2-2：

---

[213] 陳金田譯，《日據時期原住民行政志稿 第一卷》，頁679。
[214] 陳金田譯，《日據時期原住民行政志稿 第一卷》，頁680。

表 3-2-2 七腳川社族人遷出移住概況

	大埔尾	荳蘭社	薄薄社	里漏社	飽干社	屘屘社	歸化社	賀田庄	月眉庄	十六股庄	合計
戶數	120	53	25	12	7	3	21	42	5	7	291
人數	349	195	94	33	27	16	74	131	20	26	791

資料來源：陳金田譯，《日據時期原住民行政志稿 第一卷》，頁 683-684。

3 月 26 日，臺東廳長向總督呈報將歸順社人之移住地大埔尾命名為新七脚川社。山田代理民政長官認為「七脚川」並非族語，有無更適當之名稱，後臺東廳長擬命為「巴魯海芝卡索宛社」（バロハイ˙チカソワン）社，譯成漢語則為「新七脚川社」。[215]8 月 7 日，臺東廳長向總督呈請將該社編入普通行政區域內。10 月 13 日，府令第 91 號，同意將新七腳川社納入普通行政區內，不再屬於蕃地。而舊有七腳川社則於明治 44 年（1911），成為日本在臺第一個官營移民村吉野村。

根據《理蕃誌稿》的記載，第一次移住之七腳川歸順社人最初雖然思念故鄉。但分得宅地及耕地後，便開始從事墾耕。第二次移住之歸順社人因移住時日尚淺，已漸漸適應環境。與歸順社人同族之當地阿美族在歸順社人第一次及第二次抵達時，均舉行親睦儀式歡迎，且幫助墾耕和睦相處。第一次移住之歸順社人，49 戶中僅 35 戶有耕作能力，因此，每戶先分配 5 分地。後第二次移住之社人抵達，於是選定適於栽種甘藷及陸稻之土地各 12 甲，並對 120 戶每戶分配各 1 分地，預定栽種後每戶再分配 1 甲 8 分地。又選定適

215 陳金田譯，《日據時期原住民行政志稿 第一卷》，頁 684。

當地點，每戶分配 3 分地作為住宅用地。墾耕 20 甲栽種甘藷後播種陸稻。[216]

　　七腳川事件影響可以從多個層面來看。林素珍、林春治、陳耀芳等學者認為：對奇萊平原阿美族而言，此事件是進入日本國家體制的開端，七腳川社族人了解日本殖民政權並非只有少數幾個派出所的警察統治者，由於強大的武力與統治力量摧毀了他們既有的部落，族人也四散各地，使得七腳川社人在事件之後被殖民者支配的勞役者，全力配合總督府對蕃地的各種經濟開發與建設。[217]而奇萊平原上不再有強勢部落，使得部落意識逐漸被國家意識取代，阿美族各族社直接面對國家力量。[218]而七腳川社的毀社與被遷移，也可以解讀為，日本政府以國家力量一併解決徵收移民村土地的問題與收繳槍械。[219]胡曉俠就集團移住聚落分佈的角度分析，他認為，賀田庄仍是屬於阿美族的聚落，但被編入普通行政區中，象徵蕃社的進步，而成為甘蔗生產之勞力供應者，也對七腳川社被移住族人原有的生產方式造成衝擊；新七腳川社為日本人規劃的全新聚落，由於七腳川社原本就位於平地，因此在移住地的生產行為上，依舊延續著舊有模式，最大的差別在於人口，新七腳川社的人口比舊部落驟減了一半。[220]

---

[216] 陳金田譯，《日據時期原住民行政志稿 第一卷》，頁 686。

[217] 林素珍、林春治、陳耀芳，《原住民重大歷史事件－七腳川事件》，頁 166。

[218] 林素珍、林春治、陳耀芳，《原住民重大歷史事件－七腳川事件》，頁 171。

[219] 林素珍、林春治、陳耀芳，《原住民重大歷史事件－七腳川事件》，頁 173。

[220] 胡曉俠，〈日據時期理蕃事業下的原住民集團移住之研究〉，頁 73。

　　七腳川事件源起於七腳川族人對於長期負擔勞役以及工作與薪資分配不公所爆發之衝突，但日方小題大作，也是為了向奇萊平原的各原住民族群展現國家力量要加以支配的決心與實力。將七腳川社族人移住到南勢六社、賀田組、鹿寮及大埔尾等地，除了防止他們再度作亂反抗外，也將舊部落土地充作國家政策之用。七腳川社人在新七腳川社，利用國家配給之陸稻與甘蔗開始從事農業生產。雖然與日後理蕃政策中的方針不盡相同，但筆者認為，仍可將七腳川事件視為東臺灣日治時期「集團移住」與「蕃人授產」政策之緣起。

第三節　東臺灣集團移住的推行

　　「集團移住」政策，係指總督府利用誘導、政治及軍事手段，將原本散居高山奧地蕃人集體遷移至山腳地帶，並使其狩獵與燒墾游耕轉為集約式的水田經營之授產運動。[221]如同第二章所述，內務局在大正9年（1920）公布〈蕃人移住地及耕作地等ニ關スル件〉，規定「蕃地內新設之蕃人移住地及耕作預定地得由總督認可」。據此，主管土地處分的內務局及主管理蕃事務的警務局，會是首要的主管機關。因此，本研究著眼於「東臺灣」這個較大的區域，而非流域或部落等小區域，即是想要了解〈蕃人移住地及耕作地等ニ關スル件〉公布後，地方主管機關如何統合與規劃行政區下的集團移住政策。大正14年（1925）起，總督府殖產局展開森林計畫事業。次年（1926），臺灣總督府的官制改正，使山林課成為「營林用國

---

221 李文良，〈帝國的山林－日治時期臺灣山林政策史研究〉，頁 202。

有林野之調查、計畫、實測、管理與經營的關係事項」機關。「蕃人移住地及耕作地」須以「要存置林野」爲準辦理，在不違逆大正15年（1926）官制的規定下，合法取得「蕃人移住地及耕作地」管轄權力。由此可知，蕃人所要地的規劃應早於森林計畫事業，而非森林計畫事業後的林業政策之配套措施。因此，山林課順應內務局及警務局的制度安排，將大片國有林野歸爲蕃人移住及耕作地。[222]但總督府未考慮蕃人傳統的輪耕制度，使得蕃人保留地內的耕地明顯不足，甚至出現準要存置林野內出現許多「斷崖、崩壞地」的情形。準要存置林野因其他理由被徵用之情形時有所見，導致無法成爲眞正的蕃人保留地。[223]「蕃地開發調查」試圖調整森林計畫事業時所決定的蕃人保留地之區域，但大部分的「準要存置林野」依然位於較偏遠之深山，而非易達性較高的山腳地帶，不利於總督府之控管。

　　無論是森林調查計畫或蕃地開發調查，起初對蕃人保留地的規劃都是「以現居地爲中心」。爲了調整並解決蕃地開發調查所發現之保留地問題，總督府於大正14年（1925），擬定「蕃社集團移住」計畫。首先研議出「水平式的集團移住」：將位於奧地高山的蕃人集中移居至同一高度或附近的主要部落地去。[224]對於在蕃人所要地外開墾的蕃人，則積極的以指導授產，進行水田農業，使其漸進定居於蕃人保留地內。起初，只有在該調查區內無法取得足夠的

---

[222] 洪廣冀、羅文君、胡忠正，〈從「本島森林的主人翁」到「在自己的土地上流浪」：臺灣森林計畫事業區分調查的再思考（1925－1935）〉，頁70。
[223] 陳秀淳，《日據時期臺灣山地水田作的展開》，頁32。
[224] 李文良，〈帝國的山林－日治時期臺灣山林政策史研究〉，頁213。

保留地時，才會考慮是否施行蕃人移住計畫。警務局似乎難以認同山林課將蕃人移住與耕作地以要存置林野為準來辦理的作法，而試圖透過蕃地開發調查來重新定義何謂蕃人耕作地與移住地。[225]

起先計畫中的移動距離較短，主要將蕃社移居至駐在所附近的地區，其目的也在於有效控制並監視蕃人。移住用地的挑選方面，在先有保留地中接近平地的山腳地方之可能用地進行挑選。如有不足，則從鄰近蕃地或普通行政區中加以補充。指導蕃人在駐在所附近組成集團部落，基本上是採取駐在所與蕃社「一對一」的形式。

然而，昭和 5 年（1930）爆發了霧社事件，對於殖民政府的理蕃政策無疑是一記當頭棒喝，迫使了總督府徹底檢討理蕃體制。總督府認為，在歷經長期的撫育政策後，原住民仍產生接二連三的抵抗行為，應與決策、執行兩者之間缺乏共識有很大的關係；而「理蕃警察」的素質低落，更是引爆霧社事件的直接原因。昭和 6 年（1931），新任總督太田政弘制定新的「理蕃政策大綱」，第一條開宗明義揭示，「理蕃乃教化蕃人，使其生活安定，以一視同仁地沐浴聖德為目的」。第五條說明，蕃人的農耕為主，採輪耕耕作，其方法極為幼稚。應獎勵集約式的定地耕作，或實行集體移住，謀求改善彼等生活狀態並致力使其經濟自主獨立。有關蕃人之土地問題，應予以最慎重之考慮，而不使產生壓迫其生活條件等情況。

蕃地開發調查中，「蕃人所要地調查」發現，現有的高砂族保留地並不足以提供所有的蕃人定居，尤其是位於深山中或離駐在所

---

225 洪廣冀、羅文君、胡忠正，〈從「本島森林的主人翁」到「在自己的土地上流浪」：臺灣森林計畫事業區分調查的再思考（1925－1935）〉，頁 86。

較遠的蕃社,對總督府而言是難以掌控的,有必要將其進行移住。
並自昭和 10 年(1935)起,連續 3 年進行「要移住高砂族定住豫
定地調查」,針對各行政區轄下適合蕃人進行集團移住的地點,進
行水田適地、圳路開鑿及相關經費編寫計畫書。

表 3-3-1 要移住高砂族定住豫定地調查概況表(東臺灣部分)

年度	州、廳	郡、支廳	移住預定地	水田適地(陌)	圳路開鑿費(圓)	造 田 費(圓)
昭和 10 年	花蓮港廳	鳳林支廳	エフナン社(埃夫南)	46.000	22,787	8,363
		玉里支廳	セイスイ社(清水)	36.119	26,390	2,940
		玉里支廳	コノホン社(可諾風)	15.210	31,920	3,480
		玉里支廳	ハハビ社(哈哈比)	14.381	9,120	3,980
		玉里支廳	中平社	22.615	6,440	1,230
昭和 11 年	花蓮港廳	玉里支廳	ロブサン社(崙布山)	103.000	250,000	60,000
		研海支廳	サンサン社(三棧)	158.000	200,000	5,000
昭和 12 年	臺東廳	里壠支廳	都蘭山西部	—	—	—

資料來源:臺灣總督府警務局理蕃課,《蕃地開發調查概要並高砂族所要
地調查表》,頁 11-12。

於是,集團移住成為 1930 年代理蕃政策之重心。由總督府主
導,推動大型、全面且急進的大型集團移住政策:將蕃社進行合併
重組,並大規模將蕃社集體遷移至總督府規劃的新部落空間。主要
將居住於 3,000 尺以上山區的「奧蕃」或是散居的蕃人部落,強行
合併及遷移至低海拔淺山或駐在所附近。[226]其目的在於徹底實施教
化與殖產,被總督府視為「達成理蕃最終目的之根本」。若依照蕃

---

[226] 近藤正己,《總力戰與臺灣-日本殖民地的崩潰》(臺北:臺大出版中心:
2014),頁 274。

社的傳統位置，則蕃地警察與駐在所的配置都需要大筆經費，勢必難以完全支配。倘若實施集團移住政策，將蕃人部落移往山腳地帶，就可以更有效加以掌控。[227]

昭和 8 年（1933），總督府鑑於現行之移住計畫規模太小，完成時程亦太久，逐起草《蕃人移住十箇年計畫書》，預計自隔年起，以 10 年時間將「奧蕃」4,649 戶，共 30,052 人，進行大規模的集團移住。[228]將蕃人自深居深山移住到靠近平地的山腳地帶農耕適地上，將粗放的農業方式改為定地耕作。內容包含：蕃人移住、蕃人授產、瘧疾防治、理蕃道路開鑿等 8 大項目，並擬定預計遷移的預定地以及蕃社（表 3-3-3）。其詳細預算編列如表 3-3-2：

表 3-3-2 蕃人移住十箇年計畫書預算細項(單元：圓)

年度	蕃人移住	移住設施調查	藏匿銃器收押	銃器彈藥貸與	理蕃道路開鑿	瘧疾防疫	蕃地教育改善	蕃人授產	合計
1	443,127	130,922	156,190	24,133	311,000	37,434	722,878	300,200	2,123,184
2	207,388	148,079	158,915	24,133	342,600	35,995	829,924	243,360	1,990,394
3	142,549	148,079	164,195	24,133	211,000	36,888	758,710	257,177	1,742,731
4	491,469	148,079	169,440	24,133	242,200	38,392	771,954	234,995	2,120,662
5	3,087,341	148,079	172,065	24,133	275,700	43,653	778,426	224,995	4,754,392
6	315,369	125,140	173,565	24,133	281,000	46,127	831,540	236,012	2,032,886
7	1,747,550	125,140	174,565	24,133	310,800	51,829	820,536	234,029	3,488,582
8	2,021,333		174,565	24,133	378,000	58,011	839,250	224,029	3,719,321
9	190,088		174,565	24,133	449,000	59,132	835,380	268,082	2,000,380
10	199,398		171,805	24,133	362,000	60,566	824,780	195,692	1,838,374
總計	8,845,612	973,518	1,689,870	241,330	3,163,300	465,327	8,013,378	2,418,571	25,810,906

資料來源：臺灣總督府警務局理蕃課，《蕃人移住十箇年計畫書》。

---

[227] 近藤正己，《總力戰與臺灣-日本殖民地的崩潰》，頁 276。
[228] 李文良，〈帝國的山林－日治時期臺灣山林政策史研究〉，頁 214。

表 3-3-3 蕃人移住十箇年移住計畫表

年次	州廳	集團移住預定地	移住蕃	戶數	人口數
1	臺北 新竹	南澳 ラハウ(拉號)[229]	南澳奧蕃 カラホ外カオガン蕃 (嘎拉賀)	186 101	1,053 524
2	臺中 新竹	マンターサン 高熊一峠	新高郡丹蕃一部 大湖奧蕃	83 91	869 521
3	臺北 臺中	マナウヤン(馬那烏洋) タマロワン(達瑪巒)	シカヤウ蕃(志佳陽)[230] 新高郡丹蕃一部	46 52	270 714
4	新竹 臺中	阿母坪 十八頂溪	タナカン社外キナジー蕃 (薈拿餌蕃) 卡社蕃	142 110	618 1,041
5	高雄 臺中	ヤマワン、プツンロク(文樂) 明治溫泉附近	潮州郡奧蕃 サラマオシ(斯拉茂)、 カヤウ(卡瑤)	915 50	5,545 254
6	臺中 臺南	ナマカバン(楠仔腳萬) サビキ(砂米箕)	郡蕃巒蕃 チヨクチヨクス(竹腳)	221 43	2,438 289
7	高雄 臺東 臺南	美濃山下方、カサギサン(佳義)下方 卑南原野 タツパン(達邦)	旗山郡奧蕃 大武支廳奧蕃 トフヤ(特富野)外一社	346 775 24	2,383 3,601 301
8	花蓮港 臺東 臺南	研海花蓮支廳山腳 池上 ニヤウチナ(尼雅烏支那)[231]	タロコ奧蕃 里壠支廳奧蕃 ササゴ(塞塞俄社)社	728 321 1	3,932 2,876 7
9	臺中 臺南	眉原上流大字演習林 ララチ(拉拉吉)[232]	ハツク、マレツバ蕃 イムツ(伊姆諸)社	250 4	1,212 24
10	花蓮港 臺南	玉里鳳林支廳山腳 ララウヤ(拉拉巫雅)[233]	玉里支廳奧蕃 チヨクチヨクス社外二社	138 22	1,429 151
				4,649	30,052

資料來源：臺灣總督府警務局理蕃課，《蕃人移住十箇年計畫書》。

---

[229] 今桃園市復興區溪口臺部落。

[230] 位於今臺中市和平區環山部落。

[231] 位於今嘉義縣阿里山鄉里佳村。

[232] 位於今嘉義縣阿里山鄉來吉部落

[233] 位於今嘉義縣阿里山鄉樂野部落。

除了以上八大面向之外，計畫中也針對「集團移住政策」之於「國土山林之利用與治水」有著以下之說明：

> 蕃人之農業，在蕃地多為山岳地帶之急斜地下，基於生計上之需求，行輪耕作，廣大面積之土地遭彼等濫拓，再經熱帶風化之特點後，一遇雨其表土流失，此原肥沃之處女地，忽成貧疾不毛之地，山野化為荒廢、亦為河川氾濫之主因，可謂本島統治上之一大障礙。若奧蕃移住，廣闊之蕃人居地得以釋放，成為造林之用，將來蒼鬱森林之形成，本島治水上之難題，自然解決。蕃人之集團移住，在於確保彼等生活之安定並促進其進化，又蕃地佔本島之大半，國土之經濟利用價值高，且為本島治水之重大良策，可謂一舉兩得之策。[234]

此外，也針對「蕃人授產」與「集團移住」之關聯性，作了以下之定義：

> 為了達成理蕃終局之目的，將散居深山的蕃人集團移住到靠近平地之山腳地帶之農耕適地上。改變其粗放的燒耕為定地農耕，積極追求授產，使其接近平地文化，脫離野性，行經濟生活，使其得以同享位於一般民眾之列之幸福。[235]

《蕃人移住十箇年計畫書》揭示，將居住於奧地的蕃人集團移住至淺山的山腳地帶以進行農耕，並改變其粗放的輪耕方式。屬於由上而下，垂直式的集團移住。並且規劃給予移住蕃人每人 0.1 甲

---

[234] 臺灣總督府警務局理蕃課，《蕃人移住十箇年計畫書》（1934）。
[235] 臺灣總督府警務局理蕃課，《蕃人移住十箇年計畫書》（1934）。

水田與旱田 0.25 甲。可見,「蕃人授產」與「集團移住」是有著相輔相成的關係。

　　蕃人移住十箇年計畫是否有按計畫,確實加以執行呢?從《高砂族授產年報》內的統計數據,可以知悉,昭和 9 年至 16 年(1934-1941),高砂族共有 16,463 人次移住完成,遠低於《蕃人移住十箇年計畫書》所預定移住的 30,052 人次,可見此計畫並未完全徹底執行之。

　　昭和 13 年(1938),總督府編纂《既往ノ蕃社集團移住狀況調》,內容除了整理歷年來所有集團移住的記錄之外,其中還包含了一份〈集團移住計畫書〉,其中說到:蕃社集團之移住方法為將散布在廣大地域中的蕃人集團移住到交通便利的農耕適地,將其不必要佔有的廣大地域縮小到一定範圍。[236]預計將 455 戶 2956 人次的蕃人移住到 8 個地點(表 3-3-4)。由於移住地並非平原,為了因應以水田農業為主的授產政策,並須先行將水田所需要之灌溉水源加以確保。因此也在移住地興建水圳,並將灌溉渠道進行延長與改修,以及水田之開墾(表 3-3-5)。

---

[236] 〈蕃社集團移住二要スル經費說明書〉,《既往ノ蕃社集團移住狀況調》(1938)。

表 3-3-4 蕃社集團移住計畫書(東臺灣部分)

州廳	郡支廳	移住地名	移住蕃			所有地面積
			社名	戶數	人口	
花蓮港	研海	鳳林支廳 エフナン (埃夫南)	シーパウ(西寶) ロサオ (洛韶) 計	65 50 115	321 291 612	629甲 每人平均1甲
		花蓮支廳 ブラナオ (巴拉腦)[237]	クモヘル(卡莫黑爾)	21	113	567甲 每人平均1.7甲 (地元蕃 37 戶 218 人)
	玉里	ロホマン	レクネ (雷個尼)	9	103	307甲 每人平均2.5陌
臺東	里壠	里壠支廳 山腳南部	內本鹿社字 ハリモロン ハリボソン マテングル ワハラシ サルベ パラン スンテク カリジハン 計	11 6 6 12 4 12 5 7 63	92 49 91 118 71 110 49 77 657	2,651陌 每人平均2陌 (地元蕃 77 戶 643 人)

資料來源：〈蕃社移住集團計畫書〉，《既往ノ蕃社集團移住狀況調》第
一表ノ一。

---

[237] 位於今花蓮縣秀林鄉重光部落。

表 3-3-5　蕃社集團移住計畫水田水路費(東臺灣部分)

州廳	郡支廳	移住地	施設種目	數量	金額(圓)
花蓮港	研海	鳳林支廳 エフナン (埃夫南)	エフナン(埃夫南)圳 水田開墾	幹線 1,529 間 支線 1,820 間 24 甲	31,150 6,000
臺東	里壠	里壠支廳 山腳南部	パシカウ(北絲鬮)溪臺圳開鑿 パシカウ(北絲鬮)溪臺水田開墾 ボクラブ(布谷拉夫)水田開墾 紅葉谷改修 紅葉谷延長 紅葉谷溪臺水田開墾	1,680 間 12 甲 478 間 528 間 13 甲 20 甲	17,640 4,800 2,000 717 3,960 1,300

資料來源：〈蕃社移住集團計畫書〉，《既往ノ蕃社集團移住狀況調》第一表ノ二。

　　昭和 11 年至 14 年（1936-1939），總督府殖產局開始進行「山地開發調查」。意圖解除準要存置林野供企業栽植國策作物之用。加上此時正值中日戰爭戰況膠著之際，對於苧麻、規那、黑栲、橡膠等國策作物的需求量日增。總督府乃順勢提出〈促進國策事業與東部開發之蕃社集團移住計畫〉，計畫利用昭和 15 及 16 年（1940-1941），將高雄州轄下 484 戶蕃社及 2,885 人移住臺東。在移住計畫中，總督府認為，高雄州上游隘寮溪流域之水源地，在蕃人長年燒墾下，因豪雨而流失的土壤埋沒河道，造成水患。因此，若能居於此地半數之蕃人移住臺東，就可獲得水土保持之造林面積。其次，居住於高雄州之蕃地人大多居住於屏東、旗山兩郡。但是南

臺灣由於適合國策作物之栽植，故缺乏集團移住適地。再者，從高
雄州移住過來的蕃人可提供臺東廳下國策作物事業之勞力供應。[238]

表 3-3-6 促進國策事業與東部開發之蕃社移住集團計劃效果表

移住地	移住蕃	戶數	人口	移住後舊地之用途	對移住用地的貢獻
アロヱ (阿塱壹)	ケナジヤン社 (基納蘭) 中マリパ社 (中麻里巴) 內マリパ社 (內麻里巴)	124	925	1.涵養刺桐腳溪水源帶 2.提供林地種植熱帶有用樹木	1.提供森永栽培可可樹之勞力 2.道路整修勞力提供 3.熱帶用樹勞力提供 4.高砂族之教化與保持安定
トアバル (吐瓦巴勒)	クナウ社 (古樓)	45	260	涵養林邊溪水源帶	1.提供臺拓造林事業所需之勞力 2.高砂族之教化與保持安定
大南	ライブアン社 (萊布安)	59	339	1.涵養隘寮溪水源帶，下淡水溪治水工程 2.治水區域提供有用樹木之造林地	1.營林所樟樹造林用地提供 2.星規納造林事業勞力提供 3.臺東平地各種勞力提供 4.高砂族之教化與保持安定
知本	アデル社 (阿禮)	81	432	1.涵養隘寮溪水源帶，下淡水溪治水工程 2.治水區域提供有用樹木之造林地	1.營林所樟樹造林用地提供 2.星規納造林事業勞力提供 3.臺東平地各種勞力提供 4.高砂族之教化與保持安定
美和村	キヌラン (吉露)[239]	45	222	1.涵養隘寮溪水源帶，下淡水溪治水工程 2.治水區域提供有用樹木之造林地	1.臺拓造林事業勞力提供 2.臺東平地各種勞力提供 3.高砂族之教化與保持安定
太麻里 カナロン (金崙)	コチヤボカン(古茶布安)[240]	130	707	1.涵養隘寮溪水源帶，下淡水溪治水工程 2.治水區域提供有用樹木之造林地	1.臺拓造林事業勞力提供 2.熱帶植物栽種事業勞力提供 3.南迴道路維護勞力提供 4.高砂族之教化與保持安定

資料來源：〈國策的事業促進竝東部開發二資スル蕃社移住集團計劃說明〉，
《既往ノ蕃社集團移住狀況調》。

---

[238] 〈國策的事業促進竝東部開發二資スル蕃社移住集團計劃說明〉，《既往ノ蕃社集團移住狀況調》（1938）。
[239] 位於隘寮北溪中游右岸，今屏東縣霧臺鄉吉露部落。
[240] 舊好茶部落，位於今屏東縣霧臺鄉南隘寮溪旁山腹上。

　　根據總督府警務局的統計資料，花蓮港廳自明治 38 年(1905)，
將タロコ（太魯閣）、トラン（多蘭）、木瓜蕃遷移至タガハン（大
加汗）爲始；而臺東廳於大正 9 年（1920）8 月將マカリワン（麻
佳里宛）移住至里壠山以來，至統計結束的昭和 17 年（1942），
東臺灣 22 年來，一共進行了 76 次大小規模不一的集團移住，一共
移住了 2,692 戶，共 12,287 名蕃人。就行政區分析，移住到臺東郡
的規模與人數均較關山郡大，因臺東郡的土地取得較爲容易。由於
集團移住進行部落整併，至 1940 年底，臺東廳剩下 107 個蕃社，
而花蓮港廳僅存 67 個蕃社。[241]（表 3-3-7）

---

[241] 臺灣總督府警務局理蕃課，《高砂族授產年報-昭和十六年版》（1942），
頁 41。

表 3-3-7 東臺灣的蕃社集團移住統計資料

移住年分	州廳	移住地	移住蕃社	戶數	人口
1905 年	花蓮港	タガハン(大加汗)	タロコ(太魯閣)、トラン、木瓜蕃	161	742
1918 年	花蓮港	平林	バトラン(巴托蘭)、コロバイシ(閣魯巴伊西)	109	494
1920 年 8 月	臺東	里壠山	マカリワン(麻佳里宛)	18	149
1924 年 3 月	花蓮港	タビラ(太平)	タビラ(太平)、タツケイ(卓溪)	35	245
1924 年 3 月	花蓮港	ブスリン(玻士林)[242]	ブスリン(玻士林)	37	170
1924 年 3 月	花蓮港	コロ(古魯)	コロ(古魯)	44	234
1924 年 3 月	花蓮港	ダオラシ(道拉斯)	ダオラシ(道拉斯)	19	87
1924 年 3 月	花蓮港	カウワン(加灣)	カウワン(加灣)、ドレック(得呂可)、リジマ(里奇麻)	25	179
1925 年 11 月	臺東	大南社	大南社	128	555
1925 年 12 月	臺東	ハイトトワン(海端)	ハイトトワン(海端)	12	73
1925 年 12 月	花蓮港	エカドサン(埃卡多散)	エカドサン(埃卡多散)、スビキ(須美基)、ウヤナウ(烏亞鬧)、ブナカド(巴那甚多)、サンバラガン(桑巴拉堪)一部	51	226
1927 年 2 月	花蓮港	ムキイボ(依柏合)	ムキイボ(依柏合)	66	273
1927 年 2 月	花蓮港	ブセガン(玻士岸)	トモワン(托莫灣)、ソワサル(蘇瓦沙魯)、シキリヤン(西吉良)[243]、ラウシ(荖西)	54	251
1927 年 5 月	臺東	コアロン(姑子崙)	コアロン(姑子崙)	22	59
1927 年 10 月	臺東	トアバル(吐瓦巴勒)	トアバル(吐瓦巴勒)	93	222
1928 年 1 月	花蓮港	ムキブラタン(玻拉丹)	ムキブラタン(玻拉丹)、タガヤ、ロンカイ、カラガ(卡拉卡)、スムダック	32	160
1928 年 5 月	花蓮港	イソガン(伊特幹)	イソガン(伊特幹)、清	19	166

---

[242] 位於今花蓮縣秀林鄉秀林部落。

[243] 位於今花蓮縣秀林鄉薛家場。

移住年分	州廳	移住地	移住蕃社	戶數	人口
			水社一部		
1928 年 6 月	花蓮港	タッキリ(德其黎)、デカロン(得卡倫)	センリガン(欣里干)、石坑子、ホーホス(赫赫斯)、シラツク(西拉克)	109	451
1929 年 4 月	花蓮港	キネボー(克尼布)[244]	キネボー(克尼布)、シカラハン(希拉卡汗)、ブレンノフ(巴魯諾夫)、ブラナオ(巴拉腦)、ムコイシ(牟克伊芝)、シツクイ(西奎)	19	69
1929 年 8 月	花蓮港	銅文蘭	バトラン(巴托蘭)	40	180
1930 年 11 月	花蓮港	グークツ(姑姑仔)	カナガン(卡那岡)[245]	36	182
1931 年 6 月	臺東	中里	ワハラシ(和原)、カブラタン(古巴拉丹)	16	158
1931 年 8 月	花蓮港	モツクヱ(木瓜)	シーパウ(西寶)、ロサオ(洛韶)、シカヘン(沙卡亭)[246]	35	202
1931 年 8 月	臺東	ボクラブ(布谷拉夫)[247]	カナスオイ(加拿)、カナテン(加典)、ラバラバ(老吧老吧)、スンスンヌン(抒弄抒弄恩)	26	202
1932 年 2 月	臺東	アロヱ(阿塱壹)	チヨコチヨコジユン	19	77
1932 年 6 月	臺東	丹那社	丹那社	7	54
1932 年 11 月	臺東	出水坡	チヤヂヤジアロン(茶茶牙頓)	18	76
1932 年 12 月	臺東	里壠山	イカノバン(伊加諾萬)	1	3
1932 年 12 月	臺東	ブルブル(霧鹿)、マリナン	バカス(巴喀斯)	1	25
1932 年 12 月	花蓮港	エカドサン(埃卡多散)	バタカン(巴達岡)、シラガン(西拉岸)	8	32
1933 年	花蓮港	マホワン(馬候宛)[248]	臺中州丹蕃、丹大、カンムツ(堪姆卒)、カアラン(卡阿郎)、ハバアン(哈巴昂)、バロボ(巴羅博)、ミシコワン(密	108	1,237

---

[244] 位於今花蓮縣秀林鄉和平村。
[245] 位於今花蓮縣秀林鄉和仁部落。
[246] 位於花蓮縣木瓜溪上游，屬於木瓜蕃。
[247] 位於今臺東縣延平鄉武陵村。
[248] 位於今花蓮縣萬榮鄉馬遠村。

移住年分	州廳	移住地	移住蕃社	戶數	人口
			西可灣)、カイトン(卡伊冬)		
1933 年 3 月	臺東	楠	マハブ(馬哈發)	3	28
1933 年 3 月	臺東	リト(利稻)	ハハオル(哈昊兒)、マスボル(麻須保留)	5	40
1933 年 3 月	臺東	ハリボソン(哈利卜松)	マスボル(麻須保留)	2	11
1933 年 3 月	臺東	カナスオイ(加拿)	カルガラス(哈路哈拉入)	3	13
1933 年 5 月	花蓮港	ウイリ(威里)、ブセガン(玻士岸)	ウイリ(威里)、タガハン(大加汗)	25	104
1933 年 8 月	花蓮港	中タビラ(中太平)	タルナス(太魯那斯)、ナナトク(那那托克)、カシバナ(喀西帕南)	18	192
1933 年 8 月	花蓮港	イソガン(伊特幹)	ミヤサン(米亞桑)、ターフン(大分)	30	307
1933 年 8 月	花蓮港	コノホン(可諾風)	マシサン(馬西桑)	16	148
1933 年 8 月	花蓮港	ロブサン(崙布山)、ロホマン	タガハン(大加汗)	10	71
1934 年 5 月	臺東	ブルブル(霧鹿)	ブルブル(霧鹿)	15	131
1934 年 7 月	臺東	バジヨロ(巴舊羅)	バジヨロ(巴舊羅)	7	30
1934 年 9 月	臺東	バジカウ	バランライガス(大芒草)	12	112
1934 年 9 月	臺東	アロヱ(阿塱壹)	アロヱ(阿塱壹)	12	68
1934 年 9 月	花蓮港	平林本社、カウワン(加灣)	平林、トブラ(托布拉)[249]、ホクスイ	47	205
	花蓮港	マホワン(馬候宛)	マクサイム	2	17
	臺東	カナロク(加奈鹿)[250]	ササビ(沙沙比)	5	25
	臺東	大南社イレラ	大南社ノ內	9	32
1935 年 6 月	花蓮港	エカドサン(埃卡多散)	バチカン(巴支干)、シツクイ(西奎)	22	96
	臺東	大南社バオル	ドウ社	7	37
1936 年 6 月	花蓮港	ヱフナン(埃夫南)	シラツク(西拉克)、ジイバウ(西寶)、ロサオ(洛韶)	95	474
1936 年 12 月	臺東	バシカウ(北絲鬮)溪	バシカウ(北絲鬮)溪	12	82

---

[249] 位於今花蓮縣秀林鄉太魯閣國家公園綠水文山步道。
[250] 位於今臺東縣海端鄉加樂部落。

移住年分	州廳	移住地	移住蕃社	戶數	人口
1937 年 6 月	花蓮港	キネボウ、ブラナオ(巴拉腦)	シツクイ(西奎)、シイバウ(西寶)	61	350
	花蓮港	平林	ロサオ(洛韶)	32	178
	花蓮港	ロホマン	レクネ(雷個尼)	11	111
1937 年 11 月	臺東	マンデウ	カウトウ(坑頭)、ダイロン(大崙)	17	146
1938 年 9 月	花蓮港	平林	バトノフ(巴多諾夫)、クバヤン(古白楊)	39	230
1938 年 10 月	臺東	ハイトトワン(海端)、シンブロ(新武呂)	サクサク(沙克沙克)	9	67
1938 年 10 月	臺東	リト(利稻)臺地	カイモス(戒莫斯)、リト(利稻)、マダングル(馬典古魯)、タタフン(塔達分)、ラソクフ	14	135
1938 年 10 月	花蓮港	バゼツク(巴支可)[251]	シツクイ(西奎)社	38	195
1938 年 11 月	臺東	都蘭山西部	內本鹿社ノ內マスワノ、ハリモロン、マスララ(馬東達剌)、マリブラン(馬代布蘭)、カブラタン(古巴拉丹)、バーラン(巴蘭)、スンテク(孫底克)、カリシハン(改底沙旱)	40	423
1938 年 12 月	花蓮港	中平	新高郡ランダイ(巒大)	11	137
1939 年 2 月	花蓮港	ロブサン(崙布山)	ムコエシ(莫可里希)、ロードフ(魯多侯)、ソワサル(蘇瓦沙魯)、シカラハン(希拉卡汗)、山里	191	1,162
1939 年 9 月	臺東	都蘭山西部	內本鹿社ノ內カリシハン(改底沙旱)、スンテク(孫底克)、バーラン(巴蘭)、ワハラシ(和原)、タビリン(塔比林)、タンシキ(丹西給)	20	222
1940 年 1 月	臺東	リト(利稻)臺地	マダングル(馬典古魯)、カイモス(戒莫	14	127

---

[251] 位於今花蓮縣秀林鄉水源部落。

移住年分	州廳	移住地	移住蕃社	戶數	人口
			斯)、タタフン(塔達分)、ハリポソン(向陽)		
	臺東	アロヱ(阿塱壹)、カアロワン(卡阿路灣)	ケナジヤン(基納蘭)、マリシバ(麻里巴)、カアロワン(卡阿路灣)	150	874
	臺東	都蘭山	内本鹿社ノ内マスワノ、ワハラシ(和原)、ハリポソン(向陽)、サルベ(撒兒比)	33	235
	花蓮港	キネボウ	ドヨン(陀優恩)、バタカン(巴達岡)、ブロワン(布洛灣)	48	262
	花蓮港	カウワン(加灣)、ムキブラタン(玻拉丹)	ボクスイ(牧水)、シキリヤン(西吉良)、タビト(塔比多)[252]、ドヨン(陀優恩)、トブラ(托布拉)	77	429
	花蓮港	見晴	クバヤン(古白楊)、バトノフ(巴多諾夫)	20	121
	花蓮港	ヱフナン(埃夫南)	ドヨン(陀優恩)、ボクスイ(牧水)、	46	239
	花蓮港	タガハン(大加汗)	カラバオ(卡拉寶)、セラオカ(西拉歐卡)	49	274
	臺東	近黃駐在所、マビカル(貓美葛)	トビロウ(托畢錄)、ナボナボ(那保那保)	29	230
	臺東	池上、鈴鹿、里壠山、カナテン(加拿)	ラクラク(拉庫拉庫)、マカリワン(麻佳里宛)、ハイオン(哈勇)	25	252
	臺東	バシカウ(北絲鬮)溪、紅葉谷	ワハラシ(和原)、サルベ(撒兒比)、マテングル(摩天)	16	233
	臺東	紅葉谷、中野、池上、ボクラブ(布谷拉夫)	マスララ(馬束達刺)、スリバサン(束里沙凡)、カラカラン(嘎嘎郎)	17	169
合計				2,692	16,687

資料來源：整理自臺灣總督府警務局理蕃課，《高砂族授產年報-昭和十六年版》（1942），頁 41。

---

[252] 位於今花蓮縣秀林鄉天祥。

　　將圖 3-3-1、圖 3-3-2、圖 3-3-3 與圖 3-3-4 加以對照，我們可以發現，經過集團移住政策之後，花蓮港廳無論是泰雅族或布農族，位於西部中央山脈山區，海拔 1,000 公尺以上蕃社幾乎全部消失，全部移住至低海拔處。位於立霧溪上游的イボホ（伊玻厚）與マヘヤン（馬黑洋）被切成三塊，7 戶往東移至三棧溪流域的三棧與景美，16 戶往南移至秀姑巒溪流域的紅葉。[253]臺東廳西部，位於今天海端鄉與延平鄉海拔 1,500 公尺以上的蕃社，幾乎全面淨空。原居於上述山區的原住民被移到中央山脈山腳，建立許多大型部落。這樣的大規模遷移也導致族群分布的重疊與交錯。例如，部分泰雅族（今太魯閣與賽德克族人），被遷入布農族領域裡，形成布農（馬遠）、泰雅（紅葉）、布農（崙山）、泰雅（立山）、布農（太平）交錯排列的情形。[254]這樣的配置，不利於同一族群間各蕃社的連繫，乍看之下，似乎是殖民政府的刻意安排。但我們也必須考慮蕃社內對於集團移住政策的接受程度與配合情形。日本在進行移住之前，通常會先擇定好大概擬移住地區再召集部落代表作選擇確切地點。例如在昭和 8 年（1933），日本當局曾召來布農族丹大地區各部落的頭目，開會商討遷移的地點。日人提出了 4 個地方讓族人選擇：南投地利西方的臺地上、花蓮紅葉、馬遠和現在的光復糖場的農場所在地。會議中，丹大社的頭目強調，丹社人是一串的，在選擇移住地點時，必須顧及到整個部族未來的發展和生存空間。南投地利是當時日本人養乳牛的牧場，族人認為這裡的空間太小難以發展；

---

[253] 葉高華，〈從原住民分布圖談起〉，《人文與社會科學簡訊》17(4)：2016，頁 24。

[254] 葉高華，〈從原住民分布圖談起〉，頁 21。

紅葉是溫泉所在地，族人認爲有溫泉的地方會有瘟疫，不願前往。
至於光復糖場那塊地是一大片平原，根本不會有野獸的蹤跡，對以
狩獵的族人來說，毫無吸引力。故經過評估集體遷移到花蓮的馬
遠。[255]同年（1933），原位於立霧溪上游的太魯閣族托魯閣群族人，
在頭目帶領下進行遷移，當時日警原想安置在今吉安鄉慶豐村，但
族人不願意，遂南遷到三笠山，另成一社。早年居於立霧溪支流的
道賽溪中、上游定居的賽德克族道賽人，於昭和 15 年（1940），
移住到山里部落。道賽族人原先來到新城，但此地缺乏大樹，也無
野獸的棲息處，因此作罷。之後來到了和平村，發現此地濱海溫度
炎熱，與族人熟悉的山林生活差異過大，導致有族人得了重病，只
得再另覓他處。最後沿著中央山脈來到了今天的山里部落，當他們
看到溪裡成群的水鹿、羊、山豬在那裡喝水，才最後決定要移住此
地。於是部落決定每戶派一人到山里砍草整地，搭建新房屋。並在
官方協助下，以火車作爲移住的交通工具。遷徙過程中遇上颱風，
使得部份房屋被大水沖走。在日本人的安排下，有部分道賽族人被
分配到中平部落布農族的家避難，直到新的房舍搭建完成。由於遷
徙的距離很長，加上遷徙的時間較遲，時局已受日人掌控，所以在
安全無慮下，因此利用火車搬運，途中也較無安全顧慮。在東臺灣
的集團移住史中，此爲極特殊的案例。[256]

---

[255] 海樹兒・犮剌拉菲，《布農族部落起源及部落遷移史》，頁 199。
[256] 「臺灣原住民數位博物館」，網址：
https://www.dmtip.gov.tw/web/page/detail?l1=2&l2=112&l3=129&l4=306，引
用日期：2020 年 7 月 9 日。

　　至於向中央山脈南段的排灣族蕃社。看起來沒有太大的變化。1944 年，總督府擬定於高雄州推出第二次集團移住計畫，擬於五年內將大多數排灣族與魯凱族部落遷移至山腳地帶。然而次年日本戰敗，來不及完成計畫。因此，排灣族、魯凱族的集團移住大多數於戰後的 1950-1960 年代完成。

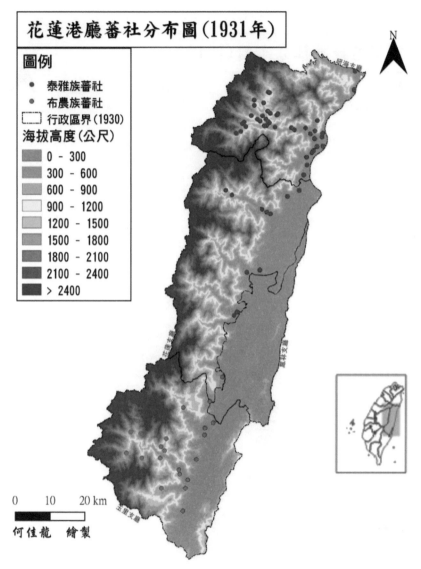

圖 3-3-1 花蓮港廳蕃社分布圖(1931 年)

資料來源：臺灣總督府警務局理蕃課，《高砂族調查書 第五編 蕃社概況》
（臺北：中研院民族學研究所，2011）；葉高華，地圖會說話
(https://mapstalk.blogspot.com/)

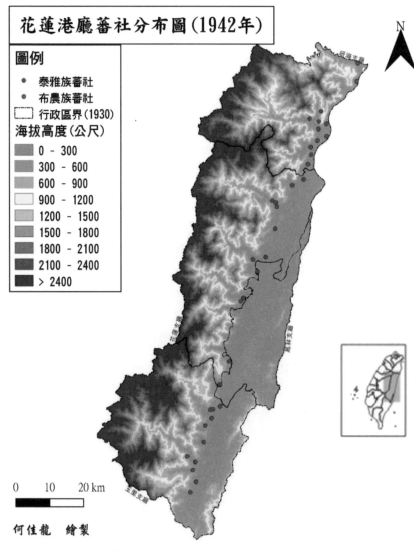

圖 3-3-2 花蓮港廳蕃社分布圖(1942 年)
資料來源：臺灣總督府警務局理蕃課，《高砂族調查書 第五編 蕃社概況》
（臺北：中研院民族學研究所，2011）；葉高華，地圖會說話
(https://mapstalk.blogspot.com/)。

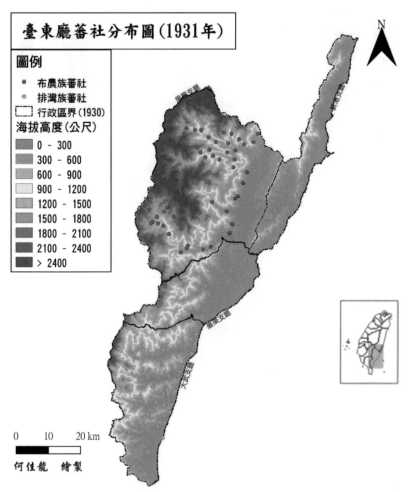

圖 3-3-3　臺東廳蕃社分布圖(1931 年)
資料來源：臺灣總督府警務局理蕃課，《高砂族調查書 第五編 蕃社概況》
（臺北：中研院民族學研究所，2011）；葉高華，地圖會說話
(https://mapstalk.blogspot.com/)。

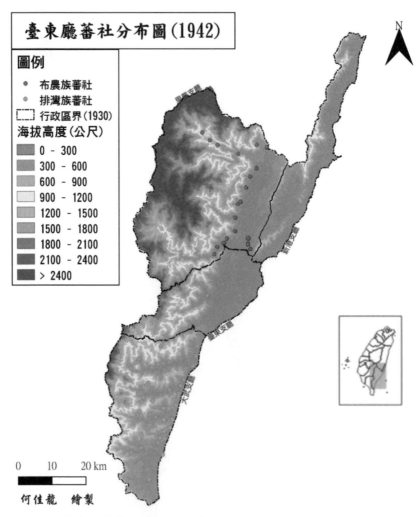

圖 3-3-4　臺東廳蕃社分布圖(1942 年)
資料來源：臺灣總督府警務局理蕃課，《高砂族調查書 第五編 蕃社概況》
（臺北：中研院民族學研究所，2011）；葉高華，地圖會說話
(https://mapstalk.blogspot.com/)。

　　集體移住對蕃人而言，不僅僅是居住處所的變化。從高海拔的奧地遷往低海拔的淺山丘陵，意味著要重新適應全新的自然環境。理蕃警察青木說三於昭和 14 年（1939）調任桃林監視區，[257]當時總督府早已規劃將當地的布農族人移住至都蘭山山麓，並已建好供蕃人居住的房屋，並在部落內設置針對瘧疾的醫療設備。然而當地的布農族人大都不願意配合，反對理由除了「山麓地區容易罹患瘧疾而死」、「不能輕易捨棄祖先長住的土地」之外，其實最大的原因是對日本人心有存疑，害怕移住後會被全部殺掉。因此，擔任勸導移住的蕃地警察，必須付出極大的耐心與努力，取得當地族人的信任。青木甚至還與一名精通族語的巡查，到ワハラシ（Takivahlas）[258]社住一晚，向族人說明並保證移住後的生活無虞，最後總算獲得族人首肯，願意配合移住。[259]此外，從高雄州移往臺東アロエ（阿塱壹）的ケナジヤン（基納蘭）社，從海拔 2,297 公尺遷移至 100 公尺；クナナウ（古樓）[260]社從 4,307 公尺遷移至 601 公尺的トアバル（吐瓦巴勒）；ライブアン（萊布安）社遷徙至臺東大南，從 2,848 公尺遷移至 452 公尺。首當其衝的即是瘧疾的考驗。由中央山脈西部向東移住的過程，不單單僅是環境的變化。原住民自古將土地視為祖先的遺產，依照臺灣南部蕃社的舊慣，頭目可徵收收穫物的一成作為「蕃租」。當總督府實施集體移住後，部

---

[257] 位於今臺東縣延平鄉紅葉村。
[258] 位於今臺東縣內本鹿地區和原山。
[259] 張勝雄譯、青木說三著，《遙想當年台灣》（臺東：東台灣研究會：2020），頁 206-207。
[260] 位於今屏東縣來義鄉古樓部落。

落內舊有的社會階級與制度就受到極大的衝擊。這樣的變化，自然有利於總督府的控制。

集團移住政策後，日本人選用的頭目制度取代了布農族傳統的 Lavian（爭戰領袖）；山地水田稻作的展開，使布農族人由焚墾輪耕轉定地耕作，也開啓了經濟與土地私有化的觀念；與小米有關的傳統祭儀，也隨著水田稻作的進行而逐漸停滯或消失。[261]

集團移住也並非全是圓滿成功的案例，前述高雄州ライブアン（萊布安）社，是 1930 年代中期後才設置駐在所的「奧蕃」。每逢小米祭這個年間最大祭典的兩個月期間，連駐在所的蕃地警察都無法靠近蕃社。昭和 9 年（1934）成立的教育所，但兩年期間沒有任何人就學。他們對於離開祖先墳墓所在之地，遷移至瘧疾猖獗的山腳地區，一直是相當抗拒，直到昭和 16 年（1941）爲止，該社仍發生反對集團移住的反抗事件。[262]

內本鹿（laipunuk），位於中央山脈卑南主山的東南方，屬於北絲鬮溪中上游流域，位於現今臺東縣延平鄉、海端鄉。這裡早期也曾是西魯凱萬山社、東魯凱大南社、南鄒族與卑南族等族群活動的區域。布農族語 laipunuk，意爲「這塊區域原本屬於魯凱族」，直到 1940 年代，此地仍爲日本理蕃地圖上最後一塊空白。[263]昭和 7 年（1932），鄰近新呂武溪附近的大關山駐在所發生了布農族人狙殺日人的「大關山事件」，日本政府開始將內本鹿地區的布農族移

---

261 海樹兒‧犮剌拉菲，《布農族部落起源及部落遷移史》，頁 213-214。
262 〈奧蕃進化的過程（高雄州ライブアン社）〉，《理蕃の友》8(10)，頁 2。
263 劉曼儀，《Kulumah‧內本鹿：尋根踏水回家路》（臺北：遠足文化：2017），頁 36。

住到鹿野溪、鹿寮溪下游的山腳地帶，但是仍然有些部落不願離開祖居地。[264]臺東廳內本鹿地區ハリボソン（哈利卜松）社，於昭和15 年（1940）11 月起，移住至臺東廳關山郡都巒山西麓，其中一名蕃人名為 haisul，起初不願配合移住政策，後經過官員多次懇切的勸諭後，才不情不願的答應移住，之後因為無法適應平地生活，加上孩子死於瘧疾，更加深了想要回到故居且對抗日本人的意志。昭和 16 年（1941）3 月 3 日，haisul 以整理農作物為理由，返回內本鹿舊蕃社，更在 3 月 9 日及 10 日，襲擊關山郡清水駐在所，造成 1 名巡查及其家屬，以及警手 1 人，共 3 人死亡，巡查部長也受重傷，[265]此為「內本鹿事件」。事件後，昭和 17 年（1942），住在內本鹿為數不多的布農族人，全數被強制遷下山，內本鹿舊部落從此成為族人永遠的鄉愁，直到 2002 年起族人才展開尋根之旅。

第四節　蕃屋配置與瘧疾的威脅

　　不同族群的原住民，其生活地點、居住地自然環境與氣候，甚至是所能取得的建材都有所不同，因此傳統的蕃屋，樣式仍各自有其特色及差異。在日本人的眼中，這些建築樣式都過於原始幼稚，僅能遮雨，不具備住家的要件。居住於臺灣南部的排灣族與魯凱族，由於居住於高山，即使是接近平地的淺山，住宅建築的位置仍優先選擇山腹部的適地，所以住家的土地會切開斜面，後方則順應自然地形坡向。家屋多為屋簷很低、出入口狹小的矮屋。內部會向下挖

264　劉曼儀，《Kulumah・內本鹿：尋根踏水回家路》，頁 41。
265　〈內本鹿ブヌン族の凶行〉，《理蕃の友》10(4)，頁 3。

2、3 尺，呈現半穴居的樣貌。並無裝設窗戶，即便是白天，室內仍極為黑暗。日本人認為，蕃屋之所以如此矮小簡陋，是因為蕃人對物質的慾望低，生活簡單，且經濟活動極為幼稚之故。而蕃社分布密集，是由於使用焚燒式輪耕獲得糧食，並不依賴集約農耕，屋內不需要任何農家設備。[266]

　　集團移住之後，為了與授產政策相互配合。總督府希望將傳統的蕃屋配置改變，成為「集團移住蕃社」，也就是定地耕作，依賴農耕與畜牧來追求生活之道的「新式蕃社」。其中可以分成：蕃屋、土地以及蕃社配列等三個面向。

　　竹澤誠一郎在〈蕃地農村は如何に集團行程せしむべきか〉中，闡述官方理想的蕃屋形式，蕃屋的一般性要素有：住得舒適、容易使用、衛生。此外，必須加入隔間，使家庭中的男女有區隔的生活空間。建坪至多不超過 20 坪，適當配置 4 個半到 6 個塌塌米的寢室，兼 2、3 間起居房。並且可以吊掛蚊帳以防瘧疾。設置廚房，加上寬的泥土房間，以避開夏季的炎熱天氣，也可充作雨天時的工作場所，並有足夠採光換氣的窗戶。如果要養蠶，就必須考慮配置蠶室；冬季或是雨天要保暖，也必須配置火爐。[267]為了配合授產，除了蕃屋之外，還應設置穀倉或倉庫，種植蔬菜或果樹。土地面積 200 至 300 坪最為理想，至少不能低於 150 坪。[268]

---

[266] 竹澤誠一郎，〈蕃屋の改造と蕃社の配列〉，《理蕃の友》3(2)，頁 1。
[267] 竹澤誠一郎，〈蕃屋の改造と蕃社の配列〉，《理蕃の友》3(2)，頁 1。
[268] 竹澤誠一郎，〈蕃地農村は如何に集團行程せしむべきか〉，《理蕃の友》1(5)，頁 1。

　　竹澤認為，蕃社的分配排列，不必太被「集團」二字拘束，成為不留空地，房屋緊密連接的聚落，這樣反而不理想。應該為了管理與教化的方便，在管轄的駐在所、教育所能夠監視的範圍配置聚落。無論住宅的排列是彎曲或是分散在斜面上，都沒有關係。他認為，比起小守衛區的造形，蕃社配置在分散又有變化，可以產生農村深遠與靜謐的感覺。比起形式上的拘泥，實際利益要來得更為重要。此外，將廁所設置於屋外，以及房舍內配置金屬紗窗以防治瘧疾，[269]在總督府眼中，都是蕃社邁向「先進」的具體象徵。

　　有關排列方面，將住家放在前方，其他建築物依照用地的地形，並不會全部一致。而是考慮各自的用途來完成，以使用方便、衛生與格局為重。建築物離道路要有相當的距離，才能呈現平穩的感覺。其中，花蓮港廳研海支廳ブスリン（玻士林）、ダオラシ（道拉斯）、コロ（古魯）這三個蕃社的配置接近理想。它們在道路兩旁種植扶桑花圍籬，各戶房屋門口建造圍牆，門前道路鋪上小石粒，空地上還有種植李樹與鳳梨。並配置豬舍堆肥房舍與空地做為菜園。[270]ブスリン（玻士林）社更成為官方眼中的「模範先進蕃社」。

　　布農族傳統上為大家庭制，一個家庭約有 40-50 人，除非家庭不睦或開墾地的環境因素，否則族人是不分家的。布農族人的家屋多極為分散而遙遠，只有數戶關係較密切者會比鄰而居。集團移住之後，為達統治管理的方便，集中於駐在所附近居住，而呈現棋盤

---

[269] 中村生，〈蕃社の併合と防蚊裝置〉《理蕃の友》5(6)。
[270] 竹澤誠一郎，〈蕃地農村は如何に集團行程せしむべきか〉《理蕃の友》1(5)，頁 1。

式的集中性蕃社。且將大家庭分解成數戶小家庭，不僅可弱化布農族家族勢力，同時亦有著管理上的方便和生活上改造的目的。[271]

　　瘧疾對日本人而言是相當棘手的傳染病，蕃人抗拒集團移住政策，其中最大的原因就是害怕瘧疾。布農族語就將「平地」稱為「sinsin」，意思是「瘴癘之地」，可見布農族人對平地的抗拒與排斥。[272]而從原本習慣在海拔 1,000 公尺，甚或 2,000 公尺山區生活的布農族人，突然搬遷到 100 公尺以下的平地，許多人嚴重水土不服，在昭和元年（1926）時，蕃地共有 28,877 人罹患瘧疾，其中蕃人瘧疾患者數占了蕃地瘧疾患者數的 94%。[273]逐步減低瘧疾的威脅，也有助於理蕃政策的推動。瘧疾是透過瘧蚊加以傳播，瘧蚊喜生存於海拔 1,000 公尺以下，具有乾淨溪流之處。穴澤顯治指出，集團移住政策實施前，蕃人主要居住於海拔較高的山頂或深山「奧地」，這樣的自然環境，可以有效避開瘧疾的傳染。集團移住政策雖然對警備或撫育上有所助益，但從健康的觀點而言，反而是有害的。[274]長年居住在高山上的蕃人，移居到低處的蕃社後，會不斷受到瘧蚊的侵擾，甚至失去大半的人口，因此不肯輕易下山移住。瘧蚊的飛翔力並不強，孑孓容易孳生之處若與蕃社海拔高度相差 500 尺以上，便難以散播到其他部落。[275]且瘧蚊飛行能力與蕃屋間的距離成反比，

[271] 海樹兒・犮剌拉菲，《布農族部落起源及部落遷移史》，頁 216。

[272] 劉曼儀，《Kulumah・內本鹿：尋根踏水回家路》，頁 42。

[273] 臺灣總督府警務局衛生課，《臺灣總督府警察統計書》（臺北：臺灣總督府警務局：1937），頁 263。

[274] 穴澤顯治，〈蕃人移住集團政策と「マライア」問題（一）〉，《臺灣時報》143，頁 20。

[275] 中村生，〈移住集團地の標高〉《理蕃の友》5(5)，頁 1。

蕃屋分散房屋間距離愈遠，愈無法飛到下一間房屋，因此可以減緩
瘧疾的傳播。蕃人依據長年的生活經驗，以散居的型態避免瘧蚊侵
擾，因而得以不被傳染。而集團移住政策將分散的蕃社集中到固定
的地區，為了授產，又加以開墾水圳與渠道、開闢水田，山腳地帶
的溪流清澈，將其引入圳道，水田的水亦清澈，反利於瘧蚊滋生。[276]
只要遷移地的瘧疾一天不撲滅，即使水稻收成再好，仍然是獎勵遷
移政策的一大阻礙。[277]

在蕃地山腳地帶，在昭和 6 年（1931），瘧原蟲帶原者的比例
大致平均為 20%，多則 50-60%，最少也不低於 7%。[278]理論上移住
到低海拔的蕃社應該都受創慘重，但實際上仍有部分差異，有些地
方比較安全。穴澤選擇 5 個移住蕃社做實驗，並指出：臺北州羅東
郡バヌン（瑪崙）[279]社位於標高 700 尺（按：212.12 公尺）[280]バヌ
ン（瑪崙）溪低地，向來常見瘧疾，而マナウヤン（馬那烏洋）[281]
社原先位於 3,300 尺（按：909.09 公尺）的山地，總督府為了集團
移住，將二蕃社合併反而使瘧疾傳給マナウヤン社蕃人。另如，臺
北州羅東郡ボンボン（芃芃）[282]社則是憑藉斷崖地形，阻絕瘧蚊飛

---

[276] 穴澤顯治，〈蕃人移住集團政策と「マライア」問題（一）〉《臺灣時報》
143，頁 21。

[277] 〈理蕃上より見たる蕃地マラリア防遏の立場〉，《理蕃の友》1(9)，頁
1。

[278] 〈理蕃上より見たる蕃地マラリア防遏の立場〉，《理蕃の友》1(9)，頁
1。

[279] 今宜蘭縣大同鄉樂水部落。

[280] 1 尺=0.30303 公尺。

[281] 今宜蘭縣大同鄉四季部落。

[282] 今宜蘭縣大同鄉英士村。

行靠近，即使部落距離宜蘭濁水溪、溪岸的水田頗高，但仍可阻擋瘧疾肆虐。因此，他呼籲，依據適當選擇移住地，是必要並可能減緩瘧疾的發生。[283]

總督府警務局中村生建議，決定移住地時，應特別注意蕃屋建造地點的選定，如果移住地有水田、圳路、溪流，建造蕃屋應選擇瘧蚊較不易飛翔的高地且乾燥之處；倘若無此條件之地，並且只能居住與水田、圳路於同樣海拔時，儘量選擇與孑孓繁殖處相隔至少1公里遠的區域。並以竹筒引水，避免剩餘用水。[284]蕃社移住合併前先調查是否曾有瘧疾疫情，若地元蕃社疫情嚴重，必須先改善情況再決定是否遷移蕃社。並事先進行健康檢查，不可草率將甲乙二社混合居住。[285]

總督府採取以下方針，針對蕃地瘧疾進行防治。

一、驗血：定期實施驗血，若無故不到者，處罰其實施義務勞動打掃圳路與防治所附近並疏通排水溝。

二、染病者強制服藥。

三、共同防治：居住於蕃地的內地人與本島人也需一同參與，腦丁與專賣相關職員也需服藥。

四、地面物的整理：臺中州能高郡規定每月15日為清潔日，每戶必須派出1人服勞役，針對蚊子及幼蟲的孳生場所整理環境。

---

[283] 穴澤顯治，〈蕃人移住集團政策と「マライア」問題（一）〉，《臺灣時報》143，頁20。
[284] 中村生，〈移住集團地の標高〉，《理蕃の友》5(5)，頁1。
[285] 中村生，〈蕃社の併合と防蚊裝置〉，《理蕃の友》5(5)，頁1。

五、鼓勵使用蚊帳：利用部落青年會的集合時段，宣導使用蚊帳，並實際教導使用方式。職員於夜間巡邏時，必定嚴格檢查是否適用。

六、推行煙燻：利用野生薄荷與茵陳蒿作為材料，由蕃人從耕地返家途中摘採。從日落後至就寢，鳴鐘後即展開作業。

七、禁止夜宿耕作用工作小屋：因無防蚊設備。

八、衛生講演：利用公醫巡診或驗血日進行。

九、職員自制：由職員進行示範。[286]

除此之外，也鼓勵栽種除蟲菊。在前新莊郡守河野十郎與有働緣治二人提倡之下，昭和 7 年（1932）秋天，將 2 斗 5 升的除蟲菊種子分配給全臺 120 個駐在所，隔年再繼續分配種子 8 升試種，但僅 20 多處種植成功。經試驗後，發現第二次分配，來自和歌山縣的種子發芽力較強，適合在臺灣推行種植，無論是平地或蕃地都適合栽植。將乾燥後的除蟲菊莖葉在傍晚起煙燻可以防瘧蚊，將除蟲菊花蕾磨成粉末，也可製作蚊香或用於果樹與蔬菜的病蟲害防治上。[287]

桝屋生認為，蕃地若千篇一律只是以驗血、服藥或清除蕃社周圍的雜草作為瘧疾防治策略，只是消極的方法。無法徹底破壞瘧蚊孳生處，他主張以駐在所蕃地警察的統制力量，全面性灌輸嚴謹的防治觀念給蕃人。[288]在總督府以教化蕃人清潔衛生為基礎，輔以醫

---

286 桝屋生，〈蕃地マラリア防遏の效果〉，《理蕃の友》4(12)，頁 1。
287 平澤生，〈蕃地と除蟲菊〉，《理蕃の友》3(9)，頁 2。
288 桝屋生，〈蕃地マラリア防遏に就いて〉，《理蕃の友》4(5)，頁 1。

學的幫助下，昭和 8 年（1933）的健康檢查，抽血人員有 23,456
人，佔全部蕃地人口的比例約 79.4%，其中有 691 人得到瘧疾，約
佔蕃地人口 2.34%；保有原蟲者佔人口數 4.73%，罹患瘧疾比例已
較 8 年前大幅下降。（表 3-4-1）

表 3-4-1 昭和 8 年全島蕃地瘧疾防遏成績

州廳	人口	檢血人數	帶原者		患者	
			人數	比例(%)	人數	比例(%)
臺北	2,383	2,191	17	0.77	4	0.16
新竹	8,949	7,057	128	1.81	68	0.80
臺中	2,564	1,873	185	10.20	143	6.09
臺南	188	135	25	18.52	12	6.38
高雄	7,443	5,971	528	8.94	364	4.89
臺東	2,191	1,889	128	6.78	65	2.97
花蓮港	6,257	4,340	99	2.28	35	0.56
合計	29,523	2,3,456	1,110	4.73	691	2.34

資料來源：〈蕃地マラリア防遏成績〉，《理蕃の友》2(6)。

第四章　以水田爲主的蕃地農業

第一節　蕃地水田農業興起的背景

　　霧社事件的爆發，對於日本殖民而言無疑是一記當頭棒喝。代表撫育政策失敗和操縱控制手法的粗糙，事件發生後，日本統治當局將歷年的理蕃政策徹底檢討，並意味著理蕃政策進入了新階段。

　　管轄原住民的總督府警務局理蕃課內部，從霧社事件發生後的早期階段起，即出現「蕃務革新之議」，訂立〈理蕃警察改善綱要〉。對於原住民武裝反抗的原因，也出現以下的見解：

> 未必能將其責僅歸於蕃人。毋寧說，其多源於警察官在對待蕃人上有所失當，或我施政精神未貫徹於彼等，反陷入錯覺迷妄，或生疑心暗鬼，而使其陷入自暴自棄。[289]

　　石塚英藏因霧社事件引咎而遭調職後，新任臺灣總督的太田政弘，要求警務局理蕃課對霧社事件後的因應方式進行檢討後，重新確認「理蕃」政策。在該認知之上，將「理蕃」問題的發生歸因於缺乏確定的根本方針，[290]而開始研究制定包含「理蕃」政策大綱和「理蕃」警察要項在內的《理蕃政策大綱》。昭和 6 年（1931）12 月 28 日，霧社事件後約經一年，總督府向地方長官通告了理蕃行政的新方針《理蕃政策大綱》。其內容如下：

---

[289] 橫尾生，〈蕃人指導精神と現地職員の態度に就て〉《理蕃の友》3(12)，頁 1。
[290] 井上英，〈臺灣に於ける警察当面の問題〉《臺灣警察時報》，1(1)，頁 1。

第一項　理蕃以教化蕃人，謀求其生活安定，使其沐浴於一視同仁之聖德為目的。

第二項　理蕃應以對蕃人之正確理解和蕃人之實際生活為基礎，樹立其方策。

第三項　應以誠信對待蕃人而懇切地予以引導。

第四項　蕃人之教化，應以矯正彼等之陋習、培養善良習慣、盡心於國民思想之涵養、著重實科教育且教授貼近日常生活之簡單知識為重點。

第五項　蕃人經濟生活之現狀，雖說以經營農耕為主，但大致採輪耕耕作，其方法極為幼稚。將來，應獎勵更集約式的定地耕作，或實行集體移住，謀求改善彼等生活狀態並致力使其經濟自主獨立。又，有關蕃人之土地問題，應予以最慎重之考慮，而不使產生壓迫其生活條件等情況。

第六項　理蕃關係者，尤其是當地警察官，應任用具沉穩敦厚精神之人物，努力予以優待，不隨意變更其任所，以人物中心主義，致力於永遠確保理蕃之效果。

第七項　應致力修築蕃地之道路，謀求交通之便利，以期普及貫徹撫育教化。

第八項　應採取醫藥治療方法，減輕蕃人生活苦患並使其有助於達成理蕃的成果。[291]

---

[291] 鈴木作太郎，《臺灣の蕃族研究》，頁 9。

　　《理蕃政策大綱》第三項說明「信賞必罰之主義」治理，以貫徹「恩威並行、綏撫威壓並行」。另一方面，在不反抗日方的條件下，對待「蕃人」應抱持「誠信、懇切」。對此，還有極為具體的指示：「居住於蕃界，尤其僻地者，其性情單純，擁有守信、守約之特性。如以譎詐欺騙對待，則非引導彼等之道」、「蕃人的薪資勞動、其他臨時勞役，應鑒於其生活狀態，除不超過適當限度者外，要考慮勞動時間，在薪資給付上予以最公正之對待」。[292]

　　《理蕃政策大綱》的第五項，蕃人盛行山地採行狩獵和山田燒墾的輪耕作農業。總督府的方針是改變該火耕式、山田燒墾式的農耕方法，進行集約式的「定地耕作」，讓蕃人集體移住至山腳地帶。總督府最大的願望是集約農業，即水田耕作、家畜飼育和堆肥獎勵，將原住民集體移住至山腳地帶，也是著眼於上述目的的政策。[293]

　　總督府對於「蕃地」開發，原本僅著重於山地經濟資源，對於蕃人，僅視之為障礙的存有。然而當集團移住政策有了初步的基礎之後，接下來就是在蕃地推行「蕃人授產」與「水田農業」。自從撫墾署設立之後，蕃人授產一直是政策重點，除治水及山地資源調查利用以外，亦可充分利用原住民勞動力。

　　大體而言，起初原住民勞動力之運用是與「蕃人授產」的教化目的有關，但至後來則真正與經濟發展的需求相連結。[294]昭和 8 年（1933），臺東廳警務課長淺野義雄曾對東臺灣的勞動力問題提出

---

[292] 近藤正己，《總力戰與臺灣-日本殖民地的崩潰》，頁 264。
[293] 近藤正己，《總力戰與臺灣-日本殖民地的崩潰》，頁 265。
[294] 王學新，〈日治時期東臺灣地區原住民勞動力之利用〉《東臺灣研究》4：2010，頁 39。

看法，他認為東臺灣的勞力供需方面，土木產業、理蕃等所需的一般勞動力，主要以警察主管的蕃人勞動力為基礎。

「集團移住」後，由於「蕃社」所佔土地縮小，故須採定地耕種及提升其生產技術，以補足原本的收穫。官方大力提倡水稻農業，而興起了一股「水田熱」。故有謂「水田作顯著發達是蕃社集團移住政策進展之後」。於是先行選擇水田適耕地，教授開圳、深耕、施肥、選種及副業之生產技術，如此一來，不但可開發山地經濟資源，節約「理蕃」費用，亦得以開墾原本山腳荒蕪之地，且可嚴密掌控蕃社施以同化教育及調查。

第一回蕃地授產商討會議席上，友部警務局長訓示新任的理蕃技手：

> 授產一事乃企圖安定與提升蕃人生活，在建立其教化基礎上具有重大的意義。生活安定的要諦，以衣食的充實為第一要義。原本，因蕃人不捨狩獵，耕種之業頗為原始，且極盡粗笨，故應漸次指導其轉換為集約式、多角式，使彼等的食物豐富，同時，改善耕地利用方法，以有助於國土保安。所以，存在許多需要改善的事項，如集體移住計畫、獎勵自給肥料以有助地力的維持增進、畜產與林業的振興、品種的改良、耕地的保護、林野焚燒的告誡等。進一步，也須注意積極獎勵副業，採取有利生產物販賣的方法，使其收入增加，以滿足因彼等生活提升而產生的欲求，將重點放在使彼等成為徹底的善良農民之上。[295]

---

[295] 〈友部警務局長訓示〉，《理蕃の友》2(1)，頁 2。

友部的訓示中，一方面確認了《理蕃政策大綱》第一項所明示的將「授產」的定位放在「生活安定」之上，另一方面則強調「授產」在於謀求「衣食的充實」與副業的現金收入。雖然在第二目標的獎勵副業與生產物的販賣上，難以見到有所進展的跡象，但作為授產第一目標的食物增收則進展順利。此後的授產政策，正是邁向食物增產與藉之塑造「善良農民」的路線。[296]

昭和 6 年（1931）3 月 14 日、15 日，總督府召集各州廳理蕃課長、科長，舉行理蕃事務商討會，決定了〈高砂族授產指導要目〉，各項內容如下：

第一項　　高砂族授產指導之目的，在於安定、提升其經濟生活，以有助於養成健全之皇國民。

第二項　　使高砂族之農業成為自耕農業。

第三項　　普及獎勵集約式之定地耕作。

第四項　　作物按照適地適作、多角形主義。

第五項　　獎勵自家用果樹、蔬菜之栽培。

第六項　　飼養家畜。

第七項　　獎勵植林。

第八項　　獎勵副業。

第九項　　使生產品之販賣有利。

第十項　　利用共同經營之方法。

第十一項　養成規律性勤勞之習慣。

---

[296] 近藤正己，《總力戰與臺灣-日本殖民地的崩潰》，頁 284。

第十二項　普及農事改良思想。

第十三項　進行「篤農家」(指熱心研究農業生產的優良農家)
　　　　　之選拔。

第十四項　各駐在所對其負責部落，期能實現前各項中之一項
　　　　　或數項之一定目標，樹立數年持續計畫，完成後，
　　　　　應致力維持其成果，同時，逐次推及他項，以期提
　　　　　升經濟生活。

第十五項　各駐在所於樹立前項之計畫時，如在指導及生產物
　　　　　販賣上，需與數個地方駐在所共同採取同一步調以
　　　　　樹立計畫，則應由郡或州、廳訂定綜合性計畫。[297]

　　昭和 12 年（1937）4 月，總督府召開全島警察會議，其中宣示
「準備將蕃地編入普通行政區域」。即表明「理蕃」之最終目的在
於將全體「高砂族」變為馴良的日本帝國皇民，並將「蕃地」納入
普通行政區。而將比較進步的山腳及特別地區當成「編入豫定地區」
對區內「高砂族」施以使其成為普通行政區域人民之教育。同年
（1937）起實施高砂族授產五年計畫，目的在於確保高砂族生活達
到食住的最低限度。

　　「恩威並行」被視為統御蕃人的秘訣，首任蕃務本署署長大津
麟平認為，只用武力來對付蕃人是不可能的，在經濟上，要改造其
狩獵的習慣，使他們專心在農業上，因此，改善蕃人的經濟生活，
也有助於統治者的控制。[298]

---

[297] 〈高砂族授產指導要目成る〉，《理蕃の友》8(5)，頁 1。
[298] 陳秀淳，《日據時代臺灣山地水田作的展開》，頁 17。

「授產」，是以居住在蕃地的原住民族為對象的統治經濟施政之一。其中尤以透過水稻耕作扶植定地耕作的工作受到重視，要言之是改變原住民族以火耕及狩獵採集為主要營生方式的結構，更廣義來說是要改變農業結構。[299]

理蕃警察青木說三曾於昭和 10 年（1935）被派任至臺東廳紅葉谷駐在所擔任監督，他回憶當時駐在所推行的最重點措施為「定地耕作的指導」。首要工作為保有耕作的土地，將紅葉溪管內 30 町步（按：約 3,000 公畝）的平坦地與 1 町步（按：約 99 公畝）的水田分配給各戶進行定地耕的指導。起初蕃人非常排斥新農法，只得由農業學校出身的蕃地警察擔任指導員，警手任助手協助指導部落青年所有種植法與施肥管理等技術。[300]

臺灣的山地原本沒有水田，居於山地的蕃人也不吃米。[301]山地始有水田，是出於日本殖民者的大力推廣。大正 11、12 年（1922-1923）後，總督府對原住民的「授產」設施，更以水田的開墾為主角，水田開拓問題可說是當時「撫蕃」問題的中樞。而為了使可能進行灌溉的土地水田化，在山地掀起了所謂「水田熱」。

但事實上在山地開墾水田是相當不經濟的，許多學者對此都提出質疑，其論述大體可從地理環境、作物特性及開發經費來談：

---

[299] 松岡格，《「蕃地」統治與「山地」行政》（臺北市：臺大出版中心：2018），頁 155。

[300] 張勝雄譯、青木說三著，《遙想當年台灣》，頁 131。

[301] 森丑之助，〈蕃人の主食物〉，《臺灣農事報》103，頁 86。

一、地理環境

山地多傾斜地，足以開墾成水田的，不過所謂九牛一毛。山地的水幾乎全是冷水，水稻易生稻熱病。且土質多屬砂礫地，表土淺，土質貧瘠，無論栽培如何優良的品種，再如何施肥，也無法得到合理的產量。以昭和 15 年度而言，山地水田每甲的收穫量僅為平地的 64%。[302]另一方面，山地與市場相當隔絕，也不易從市場取得化學肥料或農具。[303]

二、作物特性

與原住民傳統作物小米、黍相較下，水稻不似小米、黍般易於貯藏，故一旦受氣候影響，就會有凶荒而導致飢饉的危險。且小米、黍在營養價值上，不論是熱量或蛋白質含量，皆不比糙米差。[304]

三、開發經費

在山地開墾水田時，須從極遠的水源導來灌溉用水，每甲開墾費便高達 600 至 800 圓，以 700 圓來算，預計開墾 2、300 甲便須 160 萬圓，所費不貲。

蕃地警察之間很早就有「食米蕃人不反抗」的說法，[305]主張水稻耕作的必要性。水稻生產，蘊含了警察希望蕃人由狩獵生活轉向「順從農民」的願望。獎勵稻作作為塑造柔順之民的捷徑。在成功

---

302 福永生，〈蕃地水稻栽種改良の己見（一）〉，《理蕃の友》9(6)，頁 4-5。
303 奧田彧，《臺灣蕃人の農業經營に關する私見》，頁 14。
304 岩城龜彥，《臺灣の蕃地開發と蕃人》，頁 58。
305 齋藤康彥，〈生產拡充を図れ〉，《理蕃の友》9(3)，頁 1。

實現移住時，逐漸開通水路，積極獎勵水田耕作。隨著集體移住政策的進展，讓定居山腳地區的原住民進行水田耕作的政策，與貫徹教化、耕地的集約式利用、農法的改善、理蕃機關的集約化等理蕃政策的合理化息息相關。為此，總督府遂急速地採取了普及水稻耕作的方針。這些水稻耕作多半是在集體移住所開拓的西部平地附近或山腳地帶的耕作作物。然而，像這樣適合農耕的山腳地帶平地，很快地就被占滿了。因此，對於無法實施集體移住的聚落，總督府選定傾斜度較為平坦的土地，獎勵他們栽種集約式的陸稻。如此，貫徹了移住山腳地區的水稻耕作以及不移住時的定地耕作的政策，逐漸促使由火耕農業轉向集約式定地耕作的農業形態。[306]

　　蕃地稻作普及的具體措施始於大正 5 年（1916），在臺灣全島各地設置「指導水田」[307]和「模範水田」。[308]大正 7 年（1918），嘉義廳砂米箕、[309]臺中廳老屋峩、[310]新竹廳「司令碻」等開始設置指導水田。[311]

---

[306] 近藤正己，《總力戰與臺灣-日本殖民地的崩潰》，頁 285。

[307] 「指導水田」指總督府指定特定的土地，由理蕃警察主導，帶領蕃人進行實驗性教授水田耕作的具體方法，並配給種子、農具或水牛。大正 7 年（1918）2 月，花蓮港廳巴多蘭社於榕樹溪開墾 7 分 5 厘水田。為《理蕃誌稿》首次出現設置指導水田之記載。

[308] 「模範水田」是指導水田中成績卓越而獲得總督府表彰而設置。

[309] 吳萬煌、古瑞雲譯，《日據時期原住民行政志稿 第三卷》，頁 367。嘉義廳中埔支廳於大正 7 年（1918）3 月 1 日，於阿里山砂米箕完成面積約 1 甲之水田開墾。

[310] 吳萬煌、古瑞雲譯，《日據時期原住民行政志稿 第三卷》，頁 382。大正 7 年（1918）6 月 3 日，臺中廳東勢角支廳於老屋峩完成 1 甲地水田開墾。

[311] 吳萬煌、古瑞雲譯，《日據時期原住民行政志稿 第三卷》，頁 388。新竹廳選擇大湖支廳司令碻中的平坦地做為指導水田。大正 7 年（1918）6

　　昭和 6 年（1931）起，各州廳設置了農業講習所，作為以水稻作與定地耕作為中心的授產研究、指導機關。州廳理蕃課、理蕃係選拔出 17 歲以上的優良青年，不僅基於農業指導的目的，還打算「培養蕃社的指導中堅人物」，養成堅實的農民。[312] 然而，即使從講習所或教育所畢業，青年在蕃社中不具影響力，也無發言之話語權，即使空有在校所學的知識，但也往往難以施展推行。導致駐在所的蕃地警察仍扮演起蕃地農業的指導者角色，由警察為首的推行之下，新的農作物與農業技術如：栽培技術、綠肥、堆肥的施肥方法、害蟲的驅除開始進入蕃社。部落青年自然會積極地加以接納新技術，並且開始挑戰部落原有的長老社會與權力結構。就此而言，以水稻作或定地耕作為中心的授產政策，不僅帶來傳統農業技術的轉換，也對蕃社的傳統社會結構造成影響。

第二節　因地制宜的作物栽培

　　日人自領臺之始，便熱心於山地的調查，他們深知臺灣山地由於緯度及高度落差大，南部蕃地與北部蕃地氣溫的差別不同，雨季與乾季相反，影響到適合作物的選擇範圍，而且由低到高，從熱帶跨越到寒帶，植物種類全然不同，要經營蕃地的農業，農作物同樣依照高度必須講求取代的栽培方法或是種植時期。[313]

月 22 日完成開墾 1 甲地水田以及所需水路。
[312] 近藤正己，《總力戰與臺灣-日本殖民地的崩潰》，頁 286。
[313] 平澤龜一郎，〈蕃地適作物の解說〉，《理蕃の友》1(9)，頁 4。

　　傳統而言，陸稻、小米、甘藷、豆類、玉蜀黍、黍等糧食作物依然是蕃地主食，可變成水田的土地很少。[314]該如何依照環境特性選擇適合的作物，不僅受到蕃地地理條件所影響，也會因為蕃人的生活狀態有所不同。

　　蕃社大多分布在急峻陡峭縱走的高山，耕地位於在山腰的坡地或少許的梯田，山谷間的溪岸地是蕃人所稱的平地。僅極少數蕃社位於與普通行政區相鄰的山腳地帶。[315]蕃地蕃人的農耕現況，主要是在山腰坡地上的傾斜地上進行，傾斜地農業的栽種法與能開闢成水田耕作的傾斜度，都有所不同。無論栽種法或物種都依據地區的不同而有極大的差異。如甘藷、里芋和苧麻可在坡度較陡的傾斜地栽種；而小米、陸稻、黍、豆類和菸草則是在較平緩的傾斜地耕種。海拔較低處可以有較多的收成。然而，如陸稻等作物，仍要在較肥沃的土地才有比較多的收穫。因此住在深山中的蕃人，幾乎是沒有機會獲得米食的，主食為甘藷及里芋，再者為小米和玉蜀黍；移住蕃社的主要穀類來源，以水稻為主；在深山的蕃社以小米、黍、玉蜀黍為主，陸稻在很多地方也是不能耕作的。比起移住的蕃社，深山蕃社大量種植里芋與甘藷，構成了主要糧食的來源。[316]

　　蕃地蕃人的作物栽培方法有單作和混作兩種方法，並根據作物差異而不同。有甘藷與豆類和黍、玉蜀黍混種，也看得到小米與里芋的混作。此類混作，作物的組合增加了每種作物的安全性，或增加了土地面積的利用，或防止了高山地區的陽光直射，或者包括防

314　平澤龜一郎，〈蕃地適作物の解說〉，頁 4。

315　岩城龜彥，《臺灣の蕃地開發と蕃人》，頁 51。

316　岩城龜彥，《臺灣の蕃地開發と蕃人》，頁 63。

豪雨發生時表土損失的情況。實施的方式是，在陸稻或小米秧苗生長到適當的高度時或抽穗前，將甘藷幼苗插入並混種在它們之間。此方法適用於高海拔地區或蕃地南部，在初秋季節進行，並在收穫小米和早稻後對秋季種植的甘藷進行插植。此種混作法的由來爲蕃人的祖先爲了因應降霜和乾旱導致收穫減少。

　　以下爲筆者整理自《臺灣の蕃地開發と蕃人》內容刊載，花蓮港廳與臺東廳不同海拔高度的蕃社，傳統上輪作與休耕的進行方式：

臺東廳大武支廳アロエ（阿塱壹）社

山腳緩坡田海拔高 100-1,000 尺（按：30.3-303 公尺）

1. 傾斜坡地

11 月中旬至隔年 2 月之間不採伐開墾。3、4 月栽種里芋至 9 月收成。在里芋收穫地播種陸稻，1 月收穫。隔年 2、3 月在陸稻收穫地上種植甘藷，到年底收穫。從第 3 年開始休耕。通常休耕 5 至 6 年。

2. 肥沃的定居耕地

同樣是 11 月中旬至隔年 2 月之間不採伐開墾。2 月播種小米，7 月收成。在小米收穫地播種甘藷，隔年 2、3 月收穫。在甘藷收穫地上種植落花生，到 8、9 月收穫。9 月開始種植陸稻，第 3 年的 1 月收成，2 月起在陸稻收穫地種植小米，6 月收成。第 3 年起參考第 1 年的種植方式，第 4 年參考第 2 年的種植方式。[317]

臺東廳里壠支廳楠社

傾斜坡田海拔高 800-1,300 尺（按：242-393 公尺）

10 月底至 12 月初不採伐開墾。1 月下旬至 2 月上旬播種小米，6 月下旬至 7 月收成。7、8 月在小米收穫地播種甘藷，11 月到年底收穫。隔年 2、3 月播種陸稻，8 月收成。

---

[317] 岩城龜彥，《臺灣の蕃地開發と蕃人》，頁 87。

其後休耕 5 到 10 年。[318]

臺東廳大武支廳カウトウ（坑頭）社

傾斜坡田海拔高 3,500-5,000 尺（按：1,060-1,515 公尺）
11、12 月不採伐開墾。1、2 月播種小米，4 月下旬起在小
米田混作里芋。小米在 7、8 月間收穫，里芋從 10 月起至
年底收成。第二年從 5 月起種植甘藷，11 月至隔年收成，
便開始休耕。或是第 1、2 年混作小米與里芋，第 3 年種
甘藷，第 4 年起休耕。休耕年限從 5、6 年至 10 年不等。[319]

花蓮港廳研海支廳ロサオ（洛韶）社

傾斜坡田海拔高 3,000-4,000 尺（按：909-1,212 公尺）
11 月至隔年 1 月不採伐開墾。2、3 月混作小米及里芋，
小米收成後第二、三年單種里芋，第三年春天開始收成里
芋，第四年中全數收成。第五年起休耕，休耕的第三年起
造林，由於可耕地少，至少要休耕 5 到 6 年。坡度較陡峭
的傾斜地，第一年栽種甘藷，連續採收三年，第三年開始
準備休耕並造林，至少要休耕 5 到 6 年。[320]

花蓮港廳玉里支廳ババフル（巴巴夫魯）社

傾斜坡田海拔高 1,000-2,700 尺（按：303-818 公尺）
9 月至年底不採伐開墾。1 月下旬至 2 月中旬播種小米，4、
5 月混作播種甘藷。小米於當年 7 月收成，甘藷自第 2、3
年起收成。在比較肥沃的緩坡則是 5、6 月播種陸稻，10、
11 月收成，第 2 年小米、甘藷混作，第 3 年僅種植甘藷，
接著休耕 6、7 年。[321]

---

318 岩城龜彥，《臺灣の蕃地開發と蕃人》，頁 88。

319 岩城龜彥，《臺灣の蕃地開發と蕃人》，頁 88。

320 岩城龜彥，《臺灣の蕃地開發と蕃人》，頁 89。

321 岩城龜彥，《臺灣の蕃地開發と蕃人》，頁 90。

花蓮港廳玉里支廳ターフン（大分）社

傾斜坡田海拔高 4,000-5,000 尺（按：1,212-1,515 公尺）
9 月至年底不採伐開墾。3、4 月播種玉蜀黍，7 月收成。
第 2 年 1 月種植小米，7 月收成。第 3 年春天起造林並休
耕。地力較優良之處，第 3 年如同第 2 年一樣種植小米，
第 4 年 5 月播種稗，9 月收成。第 5 年 6 月種植甘藷，10
月起收成。第 6 年開始休耕，期間 6、7 年。[322]

以下為筆者整理自岩城龜彥《臺灣の蕃地開發と蕃人》，將花
蓮港廳與臺東廳不同海拔高度的蕃地傾斜地土地利用情況整理成
表格。

表 4-2-1 花蓮港廳與臺東廳蕃地傾斜地土地利用與休耕情況表

州廳	支廳	蕃社	海拔高度(尺)	栽培年數	休耕年數
臺東	大武	アロエ(阿塱壹)	100-1,000	2	5-6
	大武	カラタラン(卡拉達蘭社)	2,000-2,500	2-3	4-5
	里壠	ワカガン(瓦崗)	400-800	3-4	5-10
	里壠	マスワノ	1,500-2,000	3-4	5-6
	里壠	バラン(巴胆)	2,500-4,500	3	5
	里壠	スンヌンヌン(抒弄抒弄恩)	800-1,300	2	5
	里壠	カナロク(加樂)	700-1,300	2	3-5
	里壠	楠	700-1,200	3	5-10
	里壠	カウトウ(坑頭)	2,500-4,700	2-3	5-10
	里壠	リト(利稻)	4,000-5,000	3-4	10
花蓮港	鳳林	平林	500-1,000	2	3
	玉里	ババフル(巴巴夫魯)	1,000-2,700	2-3	6-7
	玉里	ヌーフン	4,000-5,000	2	6-7
	研海	ロサオ(洛韶)	2,000-4,000	3-4	5-6
	研海	ロードフ(魯多侯)	2,500-4,200	3-4	5

資料來源：岩城龜彥，《臺灣の蕃地開發と蕃人》，頁 91。

從上例可以得知，傳統而言，小米、甘藷及里芋仍為蕃地重要
作物，且無論海拔高低都適合栽種。陸稻只有在低海拔的淺山有機
會栽種，但仍必須與其他作物輪種，無法年年收成。海拔愈高的蕃

---

[322] 岩城龜彥，《臺灣の蕃地開發と蕃人》，頁 91。

地，以小米、玉蜀黍甚至稗等雜糧或根莖作物甘藷及里芋為主要糧食。然而，無論海拔高低，都需要很長的休耕年數。對總督府而言，傳統的農業方式既無法達到穩定的糧食供給，休耕與閒置的土地也太多，不符合以集約定耕農業為主的經濟效益。

為了能夠減少蕃地傾斜地的休耕年限，並且增加單位面積產量，蕃地調查員研究出以下方法來維持地力：

一、造林：中部及北部的蕃地，會在最後一年的晚秋，於斜坡農地上於作物間種植橡樹的幼苗；東部蕃地則會種植山黃麻。待 6 到 10 年地力回復後再行耕作。[323]

二、栽培綠肥作物：為了防止表土流失與雜草叢生，會種植蔓性荳科的綠肥作物。如苜蓿、紫雲英、田菁。豪雨時可防止表土流失，來年翻土時也將綠肥作物鏟起翻攪。[324]

三、在梯田使用肥料。

四、保留作物或雜草：新竹州山坡地的落花生田，會保留莖葉作為綠肥。蕃人傳統上也會將雜草在原耕地上燒盡。[325]

五、進行合理的輪耕法。

就總督府的角度來看，謀求蕃人的生活安定是最緊要的任務，因此，力求蕃人主食的增產改良是首先必須著手的。將收成不定的旱田耕作轉換成水田耕作，在山地種植水稻成為當局的第一志願，也投入了相當的心力進行技術開發與研究。

---

[323] 岩城龜彥，《臺灣の蕃地開發と蕃人》，頁 117。
[324] 岩城龜彥，《臺灣の蕃地開發と蕃人》，頁 118。
[325] 岩城龜彥，《臺灣の蕃地開發と蕃人》，頁 119。

臺灣本島蕃地水田耕作的濫觴是明治 35 年（1902）5 月，恆春廳（高雄州恆春郡）於蔴桐腳上游進行水壩工程，對水稻栽種予以指導。[326]佐久間左馬太總督的五年計畫理蕃事業結束後，於大正 5 年（1916）以來有意積極開發水田。所以逐年增加經營面積。然而蕃地水田很多都開墾在斜坡地或散布在河川流域的浮覆地或臺地上，所以土質都屬於沙礫地，表土淺且十分貧瘠。[327]蕃地水稻耕作根據其播種收割季節來作區分的話，可以分成三種：

一、透過一、二期稻作，每年可生產二期。主要是在本島平地或是與山坡地鄰接的地方。

二、一期稻作或是二期稻作，其中只能進行一期的地方。在灌溉水源仰賴雨季降雨，或是用水不足的地方進行

三、由於氣象因素的關係，一、二期的中間時期只能進行一期單作的地方。此為本島山地地帶蕃地常用的方法。

由於蕃地水田其所在為高山地帶，海拔高度甚高，寒冷空氣早來晚去，溫度較之平地低甚多，所以在氣溫的關係上，稻作種子的秧苗播種時期會明顯延遲，因此主要水田的插秧也會自然延後。秧苗種植時期不是平地的一期稻作，也不屬於二期稻作，而是中間稻作。如果將插秧期延後，與二期稻作相同，會由於寒冷空氣早來，妨害出穗結實，而陷入無法豐收。[328]

---

[326] 岩城龜彥，〈蕃地に於ける水稻耕作上の新傾向〉《理蕃の友》2(1)，頁 2。

[327] 福永生，〈蕃地水稻栽種改良の己見（一）〉《理蕃の友》10(6)，頁 3。

[328] 岩城龜彥，〈蕃地に於ける水稻耕作上の新傾向〉，《理蕃の友》2(1)，頁 2。

　　稻米為適合熱帶地區的糧食作物，有許多品種也適合溫帶。就蕃地而言，選擇適合品種是極為重要的事情。蕃地水田栽種的界限，北部 4,000 尺（按：1,212 公尺）的臺北州ピヤナン（埤亞南）社[329]水田是最高。海拔 1,500 尺（按：454 公尺）左右可栽種 2 期，再高就僅能一穫。臺灣南部，海拔上限還會再升高，成長日數的總溫度量是攝氏 2,000 度到 4,000 度。[330]本島平地開花時期，氣溫上升到攝氏 34 度以上，就會妨礙受精作用，造成不能結成稻穀。

　　蕃地的土壤多是極端礫質砂土，會流失養分有害生長。築造水田時，特別要刮集表土，使其平均鋪在表面，如果是礫石地，就在水路上游流放砂土，灌溉田面，讓泥土沉澱作成表土。水源部分，蕃地很多溪水過於冷涼，不僅有害稻子生長，經常會誘發冷稻熱病。這樣的情況，就要建造蓄水池或是加長水路講求提高水溫的方法。住家附近的水田使用生活用水灌溉，水田會變得過於肥沃，依舊會引發稻熱病。臺灣的荒溪型河川，水土流失嚴重，導致溪水濁度高。若作為灌溉，物理上表土會凝結，有礙稻子成長。解決方法為加上排除泥沙的裝置或是多次耕耘，使表土翻轉破碎，來免除受害。[331]

　　蕃地水稻的栽植方式有以下數種：

　　一、澀仔作法：第一期稻作種植後，於稻株之間，以 5:3 或是 5:4 的比率插秧第二期稻作秧苗的方法。

---

[329] 位於今宜蘭縣大同鄉南山部落。

[330] 平澤生，〈蕃地適作物の解說（二）〉，《理蕃の友》1(10)，頁 1。

[331] 平澤生，〈蕃地適作物の解說（三）〉，《理蕃の友》1(11)，頁 1。

二、滲仔作法（破仔作法）：第一期稻種與第二期稻種混合播種，同時種植，第一期稻作收成後，等待第二期稻作伸長成熟來收成的方法。

三、直播法：不用秧苗，直接撒播於水田的方法。

四、乾播法就是在旱田狀態的田地播種後，將之灌水作為水田的方法。

五、陸稻移植法：將陸稻秧苗種植於水田，適當予以灌水的方法。適用於灌溉水不足的水田。

整地作法上，於一期稻作收穫後必須立即進行二期稻作種植的準備，所以不會將水放流，立即進行整地。第二期稻作後會長久放置，耕耘使之乾燥或是栽培綠肥。到插秧前要灌水割耙，將土塊打碎，再用鋤頭耕作。然後以割耙手耙以及蓋筒整地。後者約在插秧十幾天前灌水，用犁耕地，以割耙手耙以及蓋筒將土塊打碎，使地表平均。蕃地水田很多是砂礫地，用黏土植土或是將有機物質犁入土中，或者是將土壤流放入土中，必須以此來製造表土。且因為是粘板岩微細土，土壤會凝固，必須反覆用鋤頭耕地使之翻轉。[332]

擴增耕土是蕃地水田農作指導上的當務之急，其主要的方法有：

一、利用水力搬運表土法：在圳路上方選擇適合表土的土壤。可利用圳路的水力來搬運，把土壤流入水田，製造表土。水路斜坡較小，所流入的土壤若是較重的砂壤土時，就必靠水力及

---

[332] 平澤生，〈蕃地適作物の解説（五）〉，《理蕃の友》2(1)，頁1。

人力。如果表土是礫砂地時，流入的土壤可以是粘重土；若水田的土質是粘重土，那流入砂質壤土就很重要。

二、引自然的濁水製造表土法：東臺灣常見的土地改良法。引濁水灌溉水田，使其沉澱製造表土的方式。但是河川豪雨過後，只有 2-3 天會成濁水外，馬上就會變清澈，所以施行有些困難。使用這種方法時要注意隨著粘板岩質的土壤的崩塌，所混入濁水就會使沉澱的土壤缺乏養分，且使土壤變的堅硬，即使插秧水稻，生長也會不佳，稻稈、稻米收量也少，所以 2-3 年間要栽培綠肥或實施堆肥，改良土壤的物理特性後，再來栽種水田。

三、以人力或畜力來搬運土壤製造表土法。[333]

沒有播撒綠肥的土地，會在收成後，進行犁土作業，幫助其土壤風化作用，增加土中的養分。約 2 星期前翻第一次土，等到根株莖葉等腐敗發酵滲水數日後，再翻第二次土，用直角切入方式努力打散第一次所翻犁的土，澆上肥料後，讓水滲入約 2-3 寸的深度。然後在播種前日或當天進行第三次翻土，等犁田完成後，開始正式進行插秧。此時的土壤得最佳狀態是沒有土塊，彷彿是麥粉溶於水的模樣，甚至還會飄盪著土質腐敗特殊的惡臭。這樣的土質對於所新插秧苗的存活與生長有極好的幫助。

但高砂族在收穫後幾乎都放任不管田地，任其雜草叢生。等要播種前 2-3 天才會進行 1-2 次的翻土作業，然後就直接犁田後插秧，

---

[333] 福永生，〈蕃地水稻栽種改良の己見（一）〉，《理蕃の友》10(6)，頁 3。

所以雜草還十分旺盛。另外，翻土過後仍留下很多的土塊。直接在其上插秧，所以新苗生長情形很差。[334]

　　爲了增加產量與維持地力，理蕃警察不斷宣傳獎勵製造堆肥，培養施肥的觀念。但對於沒有相當農業技術的蕃人而言，要獲得良質堆肥不是一件容易的事。堆肥主要的功能就是在於補充泥土中的有機質。有機物不是直接的肥料，可是可以靠它來生成腐植質，增加可溶態養分。或者有將溶性無機成分變爲可溶性的作用，把肥料成分吸收保蓄到土壤的力量加大，將土壤緻密的組織變得疏鬆多孔以利水流通，或者與之相反讓土壤增加密度，增大它的保水吸收力。[335]

　　耕作土地淺的土地，在一時之間供給多量的有機物，會產生腐植酸，反而有害作物生長。因此，靠著深耕可以避免受害。要施放多量的自給肥料，首先就必須進行深耕，使土壤有效活化，讓農作物生長良好，就像蓄地常見的砂礫地，必須用補土來製造表土。如果土壤失去粘著重量，就要補充砂土；相反地，在輕而疏鬆的砂土上，要加上腐植土。施放多量的有機質肥料，氮肥會補充最多，一般爲了要充分發揮肥料的效力，會預先施放豐富的燐酸以及鉀肥，讓氮素經常是最少養分的量。因此，施用綠肥及堆肥時，會依照其含氮素成分來施放燐酸以及鉀肥。[336]

---

334 福永生，〈蕃地水稻栽種改良の己見（二）〉，《理蕃の友》10(7)，頁 1。
335 平澤生，〈蕃地適作物の解說（八）〉，《理蕃の友》2(4)，頁 1。
336 平澤生，〈蕃地適作物の解說（八）〉，《理蕃の友》2(4)，頁 1。

　　除草是稻作管理上必須進行的作業，要進行 2 次乃至 3 次。其目的是除去雜草外，耕起攪拌田地泥土讓其鬆軟，以幫助根的生長，將空氣及溫熱導入土中，促進肥料的分解，或者防止因氧氣不足而產生的種種弊害。除草的方法是在晴天炎熱的日子，流放田地水源，儘量深耕將田土翻轉讓陽光直射，其後 1、2 天就引進淺水灌溉。插秧後，除了除草時之外，會保持水深 1 寸 5 分左右，到結實後稻穗垂下，通常會進行斷水。[337]

　　平地風強的地方或是暴風來臨之前會進行壓稻。由於稻稈動搖，稻穀的脫落就很多，是為了防止收穫量減少。其方法及時期因地制宜，大概在稻穗三分之一成黃熟時，顧慮會浸水，通常會從地面 2、3 寸處使之彎曲。或者暴風雨來臨前，以竹竿將稻稈從地面壓倒的方法。蕃地往往是風特別強的地方，壓倒是應該考慮的。[338]

　　提早收割的話，青米會很多，儲藏期間容易遭受蟲害。相反地，完熟會由於鳥害、風害，稻穀常常會散落，無法增加收穫量。而且完熟會損害品質。所以適合收穫的時期是整個稻穗變黃熟時，蕃人於收成後將稻穗結成一束，進行乾燥後儲藏，理蕃警察認為教導他們使用鐮刀，割取後在田地展開，或是掛於稻架上，充分乾燥後利用閒暇時期摘取的方式較為理想。[339]

---

[337] 平澤生，〈蕃地適作物の解說（九）〉，《理蕃の友》2(8)，頁 2。
[338] 平澤生，〈蕃地適作物の解說（九）〉，《理蕃の友》2(8)，頁 2。
[339] 平澤生，〈蕃地適作物の解說（九）〉，《理蕃の友》2(8)，頁 2。

第三節　水稻的限制與陸稻的推廣

蕃人的糧食作物由於地勢及農耕條件，依然把生產重心擺在甘藷、小米、里芋、陸稻、玉蜀黍、豆類。在日本人的推廣之下，藉由交易所，將搬運物資和其他勞動所獲得的金錢來購買平地所生產稻米，增進對於米食的愛好。因此其耕地如果是緩傾斜地，即使是面積不大，也會逐漸停止耕種小米或甘藷，改為栽種陸稻。

日本殖民政府一直將水稻農業作為蕃人授產的第一志願，然而受限於地形、氣候與水源等外在條件，水田農業在蕃地的成功率並不如官方所述般如此順利。蕃地水田熱潮旺盛，只要有希望獲得少許用水，就會全力開鑿灌溉水路，增闢田地。或者其開拓區域稍大，就以自己的力量，把難的地方向所管轄駐在所請求進行相關工程等等。不過田地一經開拓，早則 2、3 年，就會明顯用水不足，不可能栽種水稻。在不適水田耕作的土地強行栽種水稻，結果將發生明顯肇因於農業單純化的失敗案例。

例如，花蓮港廳內太魯閣的ブシヤウ（玻西瑤）社，標高 3,300 尺到 3,700 尺（按：1,000-1,121 公尺）。在大正 6 年（1917），開拓現在山里駐在所前方緩傾斜臺地的水田，不過，栽種水稻僅僅 3 年，由於用水不足以及病蟲害而沒有獲得好實績，以致在大正 8 年（1919）即廢耕。標高 4,500 尺（按：1,363 公尺）的臺東廳里壠支廳內本鹿社常盤駐在所管轄區內於昭和 4-6 年（1929-1931）開拓約 4 畝水田，進行水稻試種，也由於灌溉用水不足而廢耕。臺北州文

山郡タンピヤ（桶壁）社[340]也有相近的例子，其他已經開拓的現有耕地由於用水不足而深受困擾的，在各州廳下到處可見其實例。[341]

總督府技師岩城龜彥，為回應臺北帝大教授奧田彧「若非普及米食不可，應將重點置於陸稻」的討論，發表〈蕃人食糧問題與陸稻耕作〉一文，在此注意到蕃人的米食普及和陸稻耕作間的關係。

陸稻在栽種上比起水稻，所需要的水量為少，其收穫量的品質大致上劣於水稻，缺少粘性，味道及口感也較差。陸稻的上等米約略等於水稻的中等米，比起水稻並無太大差別。因此，內地、臺灣平地缺乏水利之便的地區盛行。

陸稻不像水稻從灌溉用水獲得養分，因此假如不施肥，就無法獲得相當的收穫。蕃地蕃人耕種旱地，即使沒有使用肥料是自古以來的習慣，在陸稻耕種上，必須特別指導施肥。平地施用土糞，內地是施用堆肥、人的糞尿、木灰、骨粉等等。在土質上，平地旱田只要不是極重粘土或是疏鬆土壤，任何土地都可生長良好，但是險峻的山腹傾斜地由於表土少，土壤又過於乾燥，所以不適用。也就是說，本島蕃地耕作旱地當中，適合耕種陸稻的極少，就是此原因。

針對陸稻的種植與技術改良，岩城龜彥也舉了一些實地案例：

一、陸稻二期稻作改良法

臺東廳里壠支廳楠社，海拔 900-1,200 尺（按：272-363 公尺）。楠社的主要作物以往都是小米、陸稻、甘藷的輪作順序。蕃人逐年受到米食欲望增強與水稻耕作陸稻的刺激，其地勢由於難

---

[340] 位於今新北市烏來區忠治里。
[341] 岩城龜彥，〈蕃人食糧問題と陸稻作（上）〉，《理蕃の友》3(6)，頁 2。

以得到水田適合地，只要旱地耕作情況許可，就會轉向陸稻，目前其主要作物的順序是陸稻 6 成、小米 3 成、甘藷作物及其他不滿 1 成。昭和 7 年該社頭目阿里曼首度從里壠方面的本島人獲得陸稻優良品種，作為二期稻作種植。比起以往品種增加約 5 成的收穫量，稻作陸稻栽種比例逐漸增高。

當地二期稻作陸稻栽種方法是在 1 月下旬到 2 月下旬之間，將陸稻種子與小米同時混合播種。6 月下旬到 7 月會收割小米，陸稻留在原地。陸稻在小米收割時，長度約 1 尺 4、5 寸，小米收割後就成為單一作物，其後生長會明顯變得旺盛。由於在 11 月左右會進行收穫，所以稱為二期稻作。用陸稻進行混合播種混合耕種獲得好成績是首創的好案例。[342]

二、水田陸稻栽種成功

蕃地用水不足的水田，種植陸稻取得好成績，這是經常看得見的。總之，這些水田還保有相當水分濕度，比起傾斜地田地，其表土較深，又含有相當多腐植質。

新竹州竹東郡パスコウラン（白蘭）社，[343]海拔 3,000-4,000 公尺（按：909-1,212 公尺）。該社無論地勢、地力都是好環境，只可惜水田灌溉用水不足，栽種水稻時，必須極度縮小利用面積。水稻葉卷蟲受害極多，所以水田全部栽種陸稻傳統品種，取得好成績。水田所在地就如上述，由於其標高相當高，當成每年一次的中間作物，秧苗下種是 4 月中旬，主要利用 6 月中

---

342 岩城龜彥，〈蕃人食糧問題と陸稻作（下）〉，《理蕃の友》3(7)，頁 5。
343 位於今新竹縣五峰鄉桃山村。

旬種植的是陸稻。產米高多剩餘者可儲藏 2 年份稻穀，其中也有儲藏稻穀 3 年份者，1 年內的糧食大部分是陸稻稻米，小米、甘藷栽種極少，其他雜作僅有少數。[344]

三、標高極高且經常用水不足的地方，水田第二期作物種植陸稻成功。

臺中州濁水溪以北的蕃地，水田每年進行二期耕種，由於第一期農作物秧苗時期的氣溫極低，稻苗的成長相當困難。在水田不足的地方，耕種 1 次也只能獲得一半的收成。

在標高極高的地方，把水田 2 次耕種問題當作難關。其一是第一期所需要秧苗在同一地方要如何完全培育，其二是作物栽種期間，對於用水不足問題的對策如何，其三是第一期作物於主要水田培育期間有關病蟲害的預防驅除。

臺北州羅東郡ルモアン（留茂安）社，農耕地標高 2,000 尺（按：606 公尺）。著眼於第一期作物蓬萊種的栽種期間稍短，將第一期稻作的秧苗及早播種，3 月 23 日就在主要水田插秧。該地稻葉卷蟲的受害極為嚴重的 5 月下旬，依靠此早播早種的新方法，稻葉已充分成長，變得強固，所以不僅不受葉卷蟲的殘害，而且第一期稻作的收割時期正好是小米的收成時期，小米收成後接著就可收穫，也可免除小米收割後會來襲擊的山小雀的啄食。可以說是一舉三得。

7 月底的二期作物種植時期起，當地水田灌溉水經常不足，所以第二期作物應該預先考慮種植陸稻，陸稻秧苗土地設於旱地，

---

[344] 岩城龜彥，〈蕃人食糧問題と陸稻作（下）〉，《理蕃の友》3(7)，頁 5。

與水稻同樣培植秧苗，再拔取並種植於主要水田。此時要特別注意的是，即使是陸稻苗，在主要水田種植後 3、4 天要特別注意灌溉用水，至少要保持田面濕潤而努力灌水。如果這個時期放置任其乾燥，秧苗會受害甚至枯死。若能撐過這 3、4 天，據說其後就可撐過相當嚴重的用水不足與旱災。該州文山郡リモガン（李茂岸社），[345] 標高 1,400 尺（按：424 公尺），現在已經將 1 次耕種田地改善為 2 次耕種田地，水田第一期稻作的水稻進行早播早種，第二期作物試驗種植陸稻。[346]

青木說三回憶其在赴任紅葉谷前 2、3 年，游耕的燒墾地已有蕃人開始捨小米改種陸稻，因陸稻相較於小米，味道好很多。起初蕃人興致勃勃開始種植，後來發現不若小米般，只要放著不管就行。理蕃警察除了加強指導以維持其熱中程度之外，也舉辦了「陸稻增產競賽會」。[347]

由於水田適耕地的限制，當局改為獎勵在山地耕種陸稻。試圖將稻米扎根於蕃人的飲食生活中，但光靠山地水田稻作，產量似乎無法供應，總督府於是推廣陸稻。然而，水田的耕作面積和水稻的收穫量，持續有所增加，而陸稻自昭和 10-17 年（1935-1942）間，處於在耕作面積和收穫量有增有減的情況。日治末期過渡到陸稻一案並未如預期順利。[348]

---

[345] 位於今新北市烏來區福山里。

[346] 岩城龜彥，〈蕃人食糧問題と陸稻作（下）〉《理蕃の友》3(7)，頁 5。

[347] 張勝雄譯、青木說三著，《遙想當年台灣》，頁 134。

[348] 松岡格，《「蕃地」統治與「山地」行政》，頁 196。

第五章　東臺灣的蕃人授產

第一節　東臺灣蕃人授產的實施

　　花蓮港廳的蕃地水田耕作始於大正 7 年（1918）2 月 10 日，總督府於花蓮支廳轄區的榕樹溪一帶，督促附近巴托蘭社蕃人從事勞動，並給予種子、農具、水牛開闢 7 分 5 厘的水田。[349]隔年（1919），研海支廳也鼓勵轄區內太魯閣蕃進行水田耕作，於ハットモ（八堵毛）設置模範水田進行試作。[350]由於水田稻作帶來不少收入，因而在太魯閣蕃社的接受度日增。而且為了促進水田耕作的順利，申請開鑿水渠、購買耕具及耕牛的人也激增了起來。[351]

　　由於蕃地的灌溉水源不穩定，因此需要有水利設施配合，才能有效推廣水田農業。大正 12 年（1923），在研海支廳下的ドレツク（得呂可）社與ウイリ（威里）社、花蓮支廳下平林、玉里支廳ロブサン（崙布山）等地開鑿圳路。另外，大正 13 年（1924）在研海支廳ダオラシ（道拉斯），開鑿三棧圳渠道。大正 14 年（1925），玉里支廳太平溪三笠山西南麓的平地開鑿太平圳，提供集團移住的新開鑿水田使用。[352]為了提高灌溉效率，大正 12 年（1923），在研海支廳カウワン（加灣）、エカドサン（埃卡多散）、ウイリ（威

---

[349] 吳萬煌、古瑞雲譯，《日據時期原住民行政志稿　第三卷》，頁 365。
[350] 橋本白水，《東臺灣》（臺北：南國出版協會：1922），頁 83-84。
[351] 花蓮港廳調查，〈花蓮港廳下の理蕃概況〉，《東臺灣研究》3(18)：1926，頁 20。
[352] 花蓮港廳調查，〈花蓮港廳下の理蕃概況〉，頁 21。

里）、花蓮支廳平林、玉里支廳ロブサン（崙布山）各建立一座水車，增加取水速度，並作爲灌溉設施。[353]

甘蔗的生產，花蓮港廳最初只有由玉里支廳タビラ（太平）社及エンカウナン社種植 2 甲左右的小規模，但收入可達 300 多日圓，因而大正 6 年（1917）起，各蕃社開始相繼栽作，大正 7 年（1918），太魯閣蕃及巴托蘭蕃在警察及技術指導者的指導之下，在カウワン（加灣）、エカドサン（埃卡多散）、玻士林各駐在所轄區內開墾約 6 甲甘蔗園，至隔年面積更達到 19 甲。大正 14 年（1925），研海支廳的甘蔗收穫量就達到 549 萬斤，收入達 22,000 餘圓，成績斐然。[354]

花蓮港廳蕃人養蠶始於大正 6 年（1917），研海支廳的ブセガン（玻士岸）駐在所嘗試採取附近的野桑，授予太魯閣蕃、巴托蘭蕃 28 隻蠶與 6 隻蛾，並將幼蠶從蠶紙上移到蠶箔開始進行養育。大正 10 年（1921）10 月，總督府在ブセガン（玻士岸）與タビト（塔比多）設置蠶業指導所。大正 11 年（1922）推廣到玉里支廳。大正 13 年（1924），在銅門設置養蠶指導所。大正 15 年（1926），在巴托蘭設置養蠶指導所。[355]

授產的指導機關方面，設置農業講習所、產業指導所、指導農園及苗圃等。由於蕃人的傳統農業以燒耕方式爲主，在日本人眼中，極爲原始及幼稚。爲了充實其生活內容，必須要改善其農耕方法。

---

[353] 花蓮港廳調查，〈花蓮港廳下の理蕃概況〉，頁 33。

[354] 花蓮港廳調查，〈花蓮港廳下の理蕃概況〉，頁 22。

[355] 吳萬煌譯，《日據時期原住民行政志稿 第四卷》（南投：臺灣省文獻會，1999），頁 560。

因此，挑選自蕃童教育所畢業，17 歲以上、有成為將來部落中堅人物素質的男性青年。學習農耕。期待他們畢業之後回到自己的部落，成為蕃社指導開發的先驅。

　　昭和 6 年（1931）4 月 1 日，花蓮港廳研海支廳設立ブセガン（玻士岸）農業講習所，成為全臺灣第一個農業講習所。之後依序在昭和 11 年（1936）5 月 22 日，臺東廳關山郡ハイトトワン（海端）成立；昭和 16 年（1941）2 月 12 日，於臺東大武開設。

　　ブセガン（玻士岸）農業講習所從花蓮港廳各支廳蕃社挑選優秀青年，並由 4 位教員擔任教育的工作，受訓期間為一年。學生於每年 4 月開學，隔年 3 月畢業，白天實習晚上學習學科，課程以水田、旱田等的耕作及園藝、飼畜、林業等為主，並以實習所生產者全部能夠自給自足的經營作為目標。[356]

　　昭和 5 年（1930），開始於在各州、廳也設立各種產業指導所。產業指導所的成立目的在於試種、試育以便改良、增產作物、家畜，並建立模範設施；生產並配送種苗、種畜；調查並試驗農業及相關產業。與農業講習所共同成為蕃人授產的主力指導機構。

　　蕃地農業最常遇到的困境在於：常見品種雜交導致退化，以致造成收穫量與品質的劣化；作物種類偏向於收穫量較少者，以至於難以自給自足或換取現金。因此農業講習所與產業指導所的最大任務在於，從內地與本島蒐集傳統栽培品種中適合山地栽培屬性者，並比較多收性、耐旱性、能否抵擋病蟲害與粗放栽培的可耐性。試

---

356 竹澤誠一郎，〈蕃地に於ける農業講習所の實際〉《理蕃の友》5(12)，頁 1。

種比較結果後，挑選優良者於次年繼續種植，並且採種。並在蕃社與指導農園繼續種植，實施品種的更新。[357]

昭和 11 年（1936）起，臺東廳開始推行爲期 5 年的陸稻與小米品種改良計畫，首年試種以找出最適合品種，並指導蕃人種園的開墾、整地、綠肥的栽培使用、播種；第二年找出優良品種後，分發至蕃社試種；第三年起，反覆試種前一年之優良品種，並發放給蕃社內的蕃人種植；最後 2 年起，即可普及於部落內。[358]

指導農園以數個蕃社爲一個單位，指導其進步的農業技術。昭和 7 年（1932）在臺東廳設立小苗圃作爲開端，昭和 11 年（1936），正式在臺東廳近黃與花蓮港廳平林等地設置。指導蕃人定地耕作及施肥，也指導其飼養家畜。並分配種苗試種，試圖開發蕃地的農業。雖然指導農園擔任者，半數以上都來自農業相關學校畢業，但缺乏實地經驗導致他們無法充分發揮，因此利用講習會或實地見習成爲必要之手段。昭和 11 年（1936），規定大武支廳轄下，每蕃社各派出 1 名青年團幹部，至近黃指導農園參加爲期 5 日的授產講習。藉由短期講習活動，教授部落青年耕種新法，並養成指導農園的補助者。[359]大武支廳的タリーク社於上午教授農業技能知識，午餐時直接自田地採摘甘藷加以煮食，因此學生上學時不需攜帶便當，他們也樂於將甘藷帶回家中與家人分享共食。[360]

---

[357] 山內朔郎，〈產業指導所と農業講習所との使命〉《理蕃の友》，5(10)，頁 1。

[358] 〈陸稻、粟の品種改良五年計畫〉《理蕃の友》5(3)，頁 1。

[359] 〈青年團幹部授產講習會〉《理蕃の友》5(3)，頁 2。

[360] 平澤生，〈教育と授產〉《理蕃の友》5(3)，頁 2。

　　總督府於後期逐步調整授產策略，昭和 13 年（1938）4 月 13、
14 日，於臺北市明石町警察會館召開非常時局下的授產指導商議會，
理蕃課長宮尾五郎在訓示強調，與其競相種植新奇作物，不如獎勵
高砂族續種向來素有栽植之作物，較能立即見效，如苧麻、落花生、
甘藷、芭蕉等。若甘藷與里芋仍有剩餘，亦可成為重要的經濟作物。
並鼓勵各州廳大力獎勵蕃地種植具經濟價值之國策作物，如魚藤、
油桐等。[361]由此宣示可以得知，總督府此時已不再堅持「水田第一
主義」，而是以「適地適種」取而代之，也開始正視蕃人傳統糧食
作物之重要性。

第二節　東臺灣的蕃人授產成績

　　水田耕作是蕃人授產的主要部分，花蓮港廳下水田主要分布於
山腳地帶，氣候風土與平地無多大差異。對於栽培歷史極短，肥料
管理還很幼稚的蕃人，要立即移植平地的水稻栽培方法，需要給予
更多指導。產業指導所正努力於選擇適合蕃地的優良品種，研究其
栽培方法。另一方面，根據獎勵堆肥、綠肥，舉辦品評會等等，專
門進行增產改良。

　　在總督府最為重視的水稻栽種方面，無論是接受授產指導的蕃
社數量，或是栽種面積，收穫量，以及價格，都有明顯的增加。顯
見總督府對蕃人稻作的推行有一定的成效（表 5-2-1）。花蓮港廳
無論是水稻的栽種面積或是收穫量，都遠大於臺東廳，然而以成長
幅度而言，臺東廳自昭和元年（1926）至昭和 15 年（1940），廳

---

[361]　〈時局下に於ける授產打合會〉《理蕃の友》7(5)，頁 1。

內蕃人栽種水稻的面積與收穫量，都成長接近 10 倍。可見，臺東廳的水稻栽培發展較慢，然發展潛力較大。

表 5-2-1 東臺灣蕃人水稻栽種成績表(1926-1940)

年度	臺東廳		花蓮港廳	
	耕作面積(甲)	收穫量(石)	耕作面積(甲)	收穫量(石)
1926	12.793	114.68	189.17	2,021.38
1927	14.044	125.38	220.90	2,136.25
1928	15.934	113.48	244.25	2,519.53
1929	缺	缺	239.47	2,284.09
1930	36.721	222.13	281.92	2,336.10
1931	39.960	345.60	305.50	2,470.65
1932	79.040	496.21	310.96	2,641.16
1933	76.980	543.45	359.17	4,084.03
1934	102.700	864.12	395.89	4,169.64
1935	94.720	806.23	389.14	3,620.51
1936	85.210	665.03	414.59	3,912.91
1937	95.930	875.88	470.97	4,338.61
1938	113.660	1,547.30	493.77	4,424.18
1939	132.170	1,220.17	511.24	4,404.63
1940	123.530	960.93	540.37	3,949.73

資料來源：作者整理自花蓮港廳，《花蓮港廳管內概況及事務概要 昭和元年－昭和十五年》（花蓮：花蓮港廳，1927-1941）及臺東廳，《臺東廳管內概況及事務概要 昭和元年－昭和十五年》（臺東：臺東廳，1927-1941）。

由於地勢的關係，在花蓮港廳與臺東廳，旱田佔了絕大部分，因此旱田耕作是最主要的。其主要作物為小米、甘藷、陸稻、甘蔗、落花生等等，其他如苧麻、豆類、蔬菜、水果樹等等。其栽培管理較為粗放，除一部分固定耕地外，傳統上都是採行焚燒式的輪耕，因此，收穫量極少。總督府以集團移住將蕃人遷移到山腳地帶，改為固定耕地的同時，也依賴各種農作物的栽培管理、指導品種改良等等，努力於農產品的增產改良。

關於蕃地最主要的農作物小米、甘藷，從昭和 7 年（1932）起，由產業指導所進行優良品種的普及化，其結果小米是栽種臺中改良種、玉白糯、地摩種，還有，甘藷是臺農 9 號、臺農 10 號、元地等等，逐漸普及。[362]

觀察昭和 10 年至昭和 15 年（1935-1940）的統計數據，陸稻雖然有逐年成長的趨勢，但起伏較大，在栽種面積與產量部分則有著區域間的差異，臺東廳的陸稻耕作面積與產量均高於水稻數倍。而花蓮港廳則是陸稻與水稻成績並駕齊驅。水稻栽種有著自然條件的限制，生長期也更需依賴水利設施的配合，但東臺灣的自然環境並不利於山地水田作，因此始終無法普及於東臺灣蕃地。而總督府後期寄以厚望的陸稻似乎也無力完全取而代之作為替代糧食。（表5-2-2）

表 5-2-2 東臺灣蕃人陸稻栽種成績表(1935-1940)

年度	臺東廳			花蓮港廳		
	耕作面積(甲)	收穫量(石)	每石單價(円)	耕作面積(甲)	收穫量(石)	每石單價(円)
1935	324.66	1,615.93	13.63	520.53	4,113.95	15.00
1936	336.00	1,864.33	15.61	498.53	3,479.62	17.41
1937	352.05	2,708.20	20.00	616.65	4,976.75	18.00
1938	362.96	2,430.92	14.90	714.02	5,157.67	20.00
1939	325.93	2,031.68	21.66	612.91	4,408.31	20.00
1940	362.02	2,284.26	20.55	570.00	3,232.45	21.00

資料來源：臺灣總督府警務局理蕃課，《高砂族授產年報》（臺北：總督府警務局理蕃課，1935-1940）。

---

[362] 森千年，〈授產の現況に就て〉《理蕃の友》3(1)，頁 1。

　　雜糧類的小米與黍整體而言出現了減產也減量的情況，黍的栽
種幾乎完全被取代。推測是因爲官方著重水稻栽培。導致較不被重
視的雜糧類受到排擠之故。（表 5-2-3、表 5-2-4）

表 5-2-3 東臺灣蕃人小米栽種成績表(1935-1940)

年度	臺東廳			花蓮港廳		
	耕作面積(甲)	收穫量(石)	每石單價(円)	耕作面積(甲)	收穫量(石)	每石單價(円)
1935	1,229.93	6,602.18	6.76	1,256.30	6,746.58	7.00
1936	1,177.98	6,991.15	6.49	1,157.20	7,723.15	6.96
1937	1,379.04	7,403.39	6.66	1,344.35	8,026.50	8.00
1938	1,278.65	7,694.39	6.86	1,003.65	7,410.76	8.00
1939	1,110.50	5,163.35	7.51	796.52	5,077.63	8.00
1940	1,151.53	5,618.61	15.81	760.32	4,381.14	8.00

資料來源：臺灣總督府警務局理蕃課，《高砂族授產年報》（臺北：總督
府警務局理蕃課，1935-1940）。

表 5-2-4 東臺灣蕃人黍栽種成績表(1935-1940)

年度	臺東廳			花蓮港廳		
	耕作面積(甲)	收穫量(石)	每石單價(円)	耕作面積(甲)	收穫量(石)	每石單價(円)
1935	70.50	390.31	4.91	281.90	898.70	8.00
1936	64.70	373.40	4.86	202.84	822.96	8.00
1937	96.20	444.79	6.00	204.05	1034.70	8.04
1938	82.50	344.65	6.38	126.26	533.86	8.00
1939	81.80	285.02	6.69	73.20	270.45	8.00
1940	65.60	257.63	7.07	12.60	69.96	8.00

資料來源：臺灣總督府警務局理蕃課，《高砂族授產年報》（臺北：總督
府警務局理蕃課，1935-1940）。

　　甘藷與里芋等塊根作物，多以粗放式農業與輪耕方式栽種，由
統計數據可以發現，栽種面積與收穫量都呈現下跌，可見它們不是
蕃人的主力作物，並逐漸被定作式的水稻農業取代（表 5-2-5、表

5-2-6）。值得留意的是，相較於花蓮港廳，臺東廳的甘藷與里芋的
栽種面積與收穫量下滑較不明顯，昭和 15 年甚至還出現了小幅回
升的情況。對照廳內水稻栽種的情況，可以發現呈現反比。或許是
因為蕃地水田農業尚未完全普及的臺東廳，仍需要甘藷與里芋充作
過渡時期的糧食替代，因此無論栽種面積或收穫量都較好。

表 5-2-5　東臺灣蕃人甘藷栽種成績表(1935-1940)

年度	臺東廳			花蓮港廳		
	耕作面積(甲)	收　穫　量(斤)	百　斤單　價(円)	耕作面積(甲)	收穫量(斤)	百　斤單　價(円)
1935	878.15	6,595,580	0.83	863.90	13,017,000	1.00
1936	942.00	6,491,780	0.84	922.80	9,630,900	0.90
1937	1,061.95	7,460,970	0.83	977.95	12,020,450	0.96
1938	931.00	6,617,025	1.05	910.90	11,097,250	1.00
1939	850.90	4,835,529	0.94	714.35	7,878,989	1.10
1940	867.20	5,875,496	1.35	727.15	8,868,200	1.10

資料來源：臺灣總督府警務局理蕃課，《高砂族授產年報》（臺北：總督
府警務局理蕃課，1935-1940）。

表 5-2-6　東臺灣蕃人里芋栽種成績表(1935-1940)

年度	臺東廳			花蓮港廳		
	耕作面積(甲)	收　穫　量(斤)	百斤單價(円)	耕作面積(甲)	收穫量(斤)	百　斤單　價(円)
1935	372.81	2,470,860	1.61	176.60	1,753,500	1.50
1936	416.06	2,761,003	1.77	184.90	1,056,300	2.00
1937	478.40	2,603,817	1.92	152.02	1,259,800	1.83
1938	397.50	2,225,995	1.77	83.90	698,620	2.00
1939	357.20	1,727,539	2.05	59.15	264,940	2.00
1940	365.30	1,924,905	2.30	65.08	391,890	2.00

資料來源：臺灣總督府警務局理蕃課，《高砂族授產年報》（臺北：總督
府警務局理蕃課，1935-1940）。

　　藺草傳統用途是造花，在塑膠花尚未問市前，藺草是製造紙花主要的材料之一。但實際上真正引發較大規模市場需求的，則是和藺草紙所衍伸出來的藺草紙外銷畫和紙花等美術工藝。從 1935 年到 1940 年，我們可以發現，臺東廳與花蓮港廳野生藺草摘取量均漸少，而人工栽培卻呈現不同的情況。花蓮港廳的人工栽培藺草幾乎消失，而臺東廳的人工栽培，無論面積或是產量，均呈現穩定上升的態勢。苧麻被視為國策作物的一種，收穫量不如從前，但單價卻成長了將近一倍。尤其自昭和 14 年（1939）起，原本已經式微的苧麻栽培，又呈現起死回生的情況，或許是由於戰事吃緊，苧麻可做為軍需之國策作物，受到殖民政府的鼓勵栽種有關（表 5-2-7、表 5-2-8）。

表 5-2-7　東臺灣蕃人藺草栽種成績表(1935-1940)

年度	臺東廳				花蓮港廳			
	栽培面積(甲)	栽培收穫量(瓩)[363]	野生摘取量(瓩)	百瓩平均單價(円)	栽培面積(甲)	栽培收穫量(瓩)	野生摘取量(瓩)	百瓩平均單價(円)
1935	1.65	70.00	6,468.47	63.35	3.40	81.00	4,411.30	95.00
1936	2.16	36.00	3,019.22	68.72	3.20	55.00	4,275.48	90.00
1937	6.55	150.00	2,351.50	73.50	2.50	45.00	4,026.94	90.00
1938	3.98	171.00	1,246.30	59.81	0	0	1,670.30	90.00
1939	3.23	260.00	1,565.75	56.79	0	0	1,301.80	90.52
1940	3.70	252.00	922.65	65.09	0.40	6.80	528.20	93.64

資料來源：臺灣總督府警務局理蕃課，《高砂族授產年報》（臺北：總督府警務局理蕃課，1935-1940）。

---

[363] 1 瓩=1000 公克，即 1 公斤。

　　甘蔗是日治時代臺灣西部平原的重要糖料經濟作物，在花蓮港廳山腳地帶大力獎勵，無論是栽種面積與收穫量，都是該廳蕃人授產的主力，成長快速加上價格好，成了主要的收入來源。

表 5-2-8 東臺灣蕃人苧麻栽種成績表(1935-1940)

年度	臺東廳			花蓮港廳		
	耕作面積(甲)	收穫量(斤)	百斤單價(円)	耕作面積(甲)	收穫量(斤)	百斤單價(円)
1935	10.38	8,068	22.04	39.73	48,381	20.00
1936	14.70	11,938	19.21	36.63	37,059	16.50
1937	15.10	5,418	20.00	27.84	27,440	19.75
1938	9.98	3,611	26.70	26.47	7,372	33.76
1939	13.01	6,704	40.96	42.70	9,092	35.29
1940	14.54	6,497	39.96	44.61	12,038	39.49

資料來源：臺灣總督府警務局理蕃課，《高砂族授產年報》（臺北：總督府警務局理蕃課，1935-1940）。

表 5-2-9　花蓮港廳蕃人甘蔗栽種成績表(1922-1940)

年度	花蓮港廳		
	耕作面積(甲)	收穫量(斤)	價格(円)
1922	60.70	1,857,403	8,403.25
1923	66.50	3,045,558	12,844.84
1924	89.54	3,999,890	18,200.44
1925	124.10	7,145,254	30,761.46
1926	113.71	6,861,837	29,627.96
1927	191.42	10,946,491	47,069.85
1928	179.32	13,296,111	57,307.84
1929	191.69	21,109,300	91,466.76
1930	166.75	16,358,700	77,444.20
1931	217.95	16,989,076	67,627.70
1932	171.60	15,705,970	48,585.62
1933	181.07	16,078,620	51,215.23
1934	360.20	28,988,500	95,662.05
1935	381.61	33,200,360	109,561.18
1936	322.29	27,094,696	89,412.50
1937	375.97	35,718,070	131,815.79
1938	441.64	49,709,211	183,924.08
1939	420.07	32,420,391	119,955.39
1940	289.97	13,342,240	49,366.20

資料來源：作者整理自花蓮港廳，《花蓮港廳管內概況及事務概要　大正十一年－昭和十五年》（花蓮：花蓮港廳，1922-1941）。

　　蕃地警察獎勵花蓮港廳蕃人養蠶，作爲適當的副業。認爲養蠶與養雞一樣，技術層面不高，即使是婦女也可以做到；培養期最長是 20 至 30 天，成爲繭後就有完整收入。蠶繭可販賣換成金錢，製作成蠶絲棉被，既輕且溫暖，對於溫度低的蕃地是舒適的必需品。[364] 養蠶所需的時間短，只要 3 星期或 4 星期就可獲得完整的收入。是最快又實際的工作。養蠶平均每戶收入大有提升。（表 5-2-10）

---

[364] 稻熊 真市，〈蕃人副業としての養蠶〉《理蕃の友》1(12)，頁 2。

表 5-2-10 花蓮港廳蕃人養蠶成績表(1922-1939)

年度	花蓮港廳		
	掃立枚數	收繭高(瓩)	價格(円)
1928	801	5.382.510	3,335.95
1929	1,295	7,247.127	5,261.28
1930	1,193	5,498.859	3,781.25
1931	1,016	6,477.169	3,347.27
1932	842	5,952.359	3,581.23
1933	943	5,751.624	5,049.35
1934	823	7,836.524	2,559.71
1935	616	4,499.722	2,490.01
1936	521	4,423.000	3,041.05
1937	403	5,132.930	4,258.17
1938	423	5,441.762	3,047.05
1939	130	1,348.800	1,903.55

資料來源：作者整理自花蓮港廳，《花蓮港廳管內概況及事務概要 昭和三年－昭和十四年》（花蓮：花蓮港廳，1928-1939）。

　　畜產可以矯正狩獵行為所導致的殺伐，也利於農耕的改善，對於教化而言是有益處的。花蓮港廳轄下的畜產成績：研海支廳下「立霧」「小克寶村」，花蓮支廳下銅文蘭，鳳林支廳下萬里橋，玉里支廳下卓麓等地分別設置牧場，飼養水牛、黃牛及豬等，分配優良品種，逐漸謀求改善家畜飼養。還有，1933 年起實施養豬競賽等，正積極指導飼養管理的改善。分析統計數據可以發現，牛隻的飼養不斷增加，最主要的原因在於，水牛與黃牛是移住山腳開墾水田農業的重要駄獸，因此官方鼓勵飼養。至於豬隻、山羊與雞隻的數量增減，則多與自家的宰殺食用有關。唯獨昭和 15 年（1940），由於該年飼料量供應不足，導致飼養雞隻數量有著明顯的減少。[365]

---

[365] 臺灣總督府警務局理蕃課，《高砂族授產年報 昭和十六年》（臺北：總督府警務局理蕃課，1941），頁 56。

表 5-2-11 東臺灣蕃人畜產飼養情況(1935-1940)　(單位：隻)

年度	臺東廳				花蓮港廳			
	牛	豬	山羊	雞	牛	豬	山羊	雞
1935	696	5,349	2,458	8,186	1,489	3,781	569	17,065
1936	761	5,379	2,406	8,860	1,932	3,764	525	16,465
1937	884	5,012	2,223	9,654	2,159	3,994	484	16,541
1938	945	4,647	2,055	10,236	2,279	3,696	224	16,378
1939	941	4,662	1,731	10,959	2,303	2,407	141	14,492
1940	953	3,944	1,521	8,799	2,350	2,274	107	11,962

資料來源：臺灣總督府警務局理蕃課，《高砂族授產年報》（臺北：總督府警務局理蕃課，1935-1940）。

　　原本蕃產交易由民間自營。明治 38 年（1905）7 月 20 日臺灣總督兒玉源太郎發布府令第 56 號後，[366]由愛國婦人會以特許之方式壟斷蕃產交易。其中警察在蕃產交易中享有免稅的特權，也因特殊的承包手續而從中抽取高額的轉手利潤，成為實際的得利者。大正 3 年（1914），總督佐久間左馬太頒布訓令第 190 號，將「蕃地交易費」收入列於臺灣地方稅之警察費之支出項目內。[367]並以府令第 85 號制定「蕃地ニ於ケル交易規則」。[368]由理蕃課取代愛國婦人會經手蕃產交易事務。總督府理蕃課壓低蕃人狩獵得來之蕃產價格與數量，以此方式迫使其改學習農耕技術，放棄狩獵生活。並規

---

[366] 「蕃人卜物品交換取締方」（1905 年 07 月 20 日），〈臺灣總督府府報第 1792 號〉，《臺灣總督府府（官）報》，頁 52。國史館臺灣文獻館，典藏號：0071011792a001。

[367] 「大正三年三月訓令第三十六號別冊科目表中追加」（1914 年 12 月 04 日），〈臺灣總督府府報第 637 號〉，《臺灣總督府府（官）報》，國史館臺灣文獻館，典藏號：0071020637a002。

[368] 「蕃地ニ於ケル交易規則」（1914 年 12 月 04 日），〈臺灣總督府府報第 637 號〉，《臺灣總督府府（官）報》，頁 5。國史館臺灣文獻館，典藏號：0071020637a001。

定不以現金進行交易，使原住民手中無多餘現金，強迫原住民聽從官命耕種或出賣勞力，改變生活習慣，從事國家所要求的職業工作。直至日治末期，此模式始終未曾動搖過。另一方面，這項制度篩選販售物品的權力，也左右了原住民購買選擇，而成了無形中規範原住民的巧妙手段。[369]

　　比較 1935 年至 1940 年的高砂族交易販售細目（表 5-2-12、表 5-2-13），可見農產品跟林產物為交易的主力品項。由於農產品與林產物的產值在 5 年內均有著倍數以上的成長。總產值的金額也翻倍。可見蕃人的交易日益活絡，也會直接影響到蕃人的收入與生活上。花蓮港廳的農產品的交易金額每年都佔總金額的 6 成以上，可見該區域的蕃人授產已經以農業為主體，至於臺東廳，狩獵品與林產物的交易金額所佔比例仍高，農產品的交易量僅有 1939 年佔整體交易金額的 50%以上，在臺東蕃地農業的開展似乎仍不如預期。這樣的差異也影響到交易總額，1940 年花蓮港廳交易所得收入遠高於臺東廳，最主要差異在於農產品交易金額，可見，總督府利用訂定交易制度的方式，成功篩選原住民的交易品項，將農產品在交易所佔的比重逐步提高，更可順勢操縱其更加投入蕃地農業。

---

[369] 陳秀淳，《日據時代臺灣山地水田作的展開》，頁 23。

表 5-2-12　花蓮港廳蕃人交易販售細目(1935-1940)

年份	農產品(円)	林產物(円)	狩獵品(円)	家禽家畜(円)	合計(円)
1935	120,647	11,902	2,150	2,260	137,623
1936	31,316	10,592	2,127	2,927	46,946
1937	36,178	12,964	1,230	4,072	54,444
1938	156,109	13,220	2,683	3,148	175,160
1939	49,935	17,982	5,233	1,560	74,710
1940	204,435	43,410	6,917	1,792	256,554

資料來源：臺灣總督府警務局理蕃課，《高砂族授產年報》（臺北：總督府警務局理蕃課，1935-1940）。

表 5-2-13　臺東廳蕃人交易販售細目(1935-1940)

年份	農產品(円)	林產物(円)	狩獵品(円)	家禽家畜(円)	合計(円)
1935	9,217	16,234	6,147	323	32,283
1936	11,999	14,703	5,354	247	32,461
1937	18.033	15,234	7,197	453	41,169
1938	16,621	14,741	10,519	493	42,546
1939	24,736	12,284	8,630	337	46,149
1940	29,182	35,099	10,153	210	74,666

資料來源：臺灣總督府警務局理蕃課，《高砂族授產年報》（臺北：總督府警務局理蕃課，1935-1940）。

　　參考高砂族的蕃產交易額（表 5-2-14），從 1930 年以來年年成長，短短 10 年內，花蓮港廳交易收入成長了近 12 倍，臺東廳也有 5 倍以上。交易金額反映到收入，也會使得蕃人的生活品質有所變化。可見總督府所推動的蕃人授產政策是有一定的績效的。

表 5-2-14 東臺灣蕃產交易額(1930-1940)

年度	花蓮港廳		臺東廳	
	蕃產交易收入(円)	成長率(1930 年為基準)	蕃產交易收入(円)	成長率(1930 年為基準)
1930	10,436.43	—	12,505.37	—
1931	10,438.45	0.001%	9,639.62	-22.91%
1932	17,257.68	65.36%	18,302.30	46.36%
1933	24,658.64	136.27%	23,605.97	88.77%
1934	23,179.61	122.10%	20,494.69	63.89%
1935	28,294.36	171.11%	27,283.48	118.17%
1936	47,290.56	353.12%	32,755.47	161.93%
1937	55,592.66	432.67%	40,476.71	223.67%
1938	43,911.57	320.75%	41,163.71	229.17%
1939	74,109.07	610.09%	44.381.25	254.90%
1940	128,974.99	1135.82%	72,441.75	479.29%

資料來源：臺灣總督府警務局理蕃課，《高砂族授產年報》（臺北：總督府警務局理蕃課，1935-1940）。

　　1940 年，蕃人的交易金額與勞動得來的薪資皆有成長。依照以上的數據，我們可以推測，總督府利用「集團移住」政策，將蕃人遷居至適合發展定耕農業的地區，一來便於接受駐在所的監控，可以避免其滋生事端。再者，蕃地警察與蕃地調查員進入蕃社中教化蕃人農耕，即使其中過程受到蕃人的抵抗或是消極面對。然而授產所收成的作物，成為市場上交易的主力，成長的交易額也可以使得蕃人生活與收入上獲得改善，正因如此，即便政策甫開始推行時，受到不少阻礙。然而在經濟與生活的現實考量下，大部分的蕃人仍然願意投入生產，成為勞動力的來源。（表 5-2-15、5-2-16）

表 5-2-15　花蓮港廳蕃人年度收入比較

年份	交易(円)	勞動(円)	甘蔗(円)	人口	每人平均收入(円)
1935	173,623	33,097	0	13,097	12.63
1936	46,946	99,575	89,412.5	14,078	16.76
1937	50,417	122,540	131,815.79	14,144	21.55
1938	40,452	147,514.73	183,924.08	14,172	26.46
1939	73,313	64,048.69	119,955.39	14,433	17.96
1940	140,644	90,880.64	49,366.20	14,308	19.60

資料來源：臺灣總督府警務局理蕃課，《高砂族授產年報》（臺北：總督府警務局理蕃課，1935-1940）。

表 5-2-16　臺東廳蕃人年度收入比較

年份	交易(円)	勞動(円)	人口	每人平均收入(円)
1935	32,283	31,286.23	11,697	5.43
1936	32,461	32,030.49	11,568	5.94
1937	41,169	38,626.80	11,631	7.44
1938	42,546	44,288.18	11,690	7.56
1939	46,149	57,691.07	11,536	9.11
1940	74,666	90,426.12	11,412	14.71

資料來源：臺灣總督府警務局理蕃課，《高砂族授產年報》（臺北：總督府警務局理蕃課，1935-1940）。

第三節　族群分布對蕃地農業的影響

　　總督府在蕃地大力推行水田農業，最大目的就是藉由定地耕作水稻，使蕃人可以自給自足米糧之外，也蘊含著總督府希望可以將其納入總督府警察制度的控管之下，加強對蕃人的控制。花蓮港廳巡查坂田總平曾表示。要讓蕃人遷移到平地附近，除了依賴水田稻作之外，似乎是別無他法。因此，移住與水田是連在一起的，假使將蕃人遷移至不是水田適地之處，就會宣告失敗。他也極度期待，每戶可以有 2 分地以上，提供每年 170 石產量的稻米收穫量。[370]

　　然而水田的開墾必須搭配水圳或渠道的興修，以及氣候與地質等自然因素，若貿然推行，往往以失敗收場。總督府技師岩城龜彥即使是「水田第一主義」的頭號推手，也不得不正視此困境，開始強調陸稻的重要性：除了作為蕃地二期稻作之作物之外，也期許可以在較高且水源不足之處，發揮取代水稻作為糧食補充之任務。而水稻與陸稻是否有如同總督府的期望般，成功拓展至東臺灣各高海拔蕃社，並且成功取代傳統的甘藷與里芋成為蕃人的主食呢？

　　《高砂族調查書》於昭和 8 年（1933），對於東臺灣地區各蕃社的農業栽植情況進行調查，在臺東廳共 94 個蕃社當中，僅有 22 個蕃社有種植水稻，其中栽種面積超過 2 甲僅有 10 個蕃社，僅有 2 個蕃社年產量超過前段所述之 170 石；花蓮港廳 72 個蕃社中，23 個蕃社有栽種水稻，當中 21 個蕃社栽種面積超過 2 甲，其中 11 個蕃社栽種面積達 1 年 170 石以上。觀察蕃社所在標高，花蓮港廳有栽種水稻的蕃社中，除ロブサン（崙布山）社位於平緩上升之坡面

---

[370] 坂田總平，〈水田稻作の指導に就て〉《理蕃の友》3(3)，頁 1。

地之外，其餘 18 個蕃社位於海拔 200 公尺以下的緩低平地。臺東廳的水田分布則有些不同，僅有 5 個蕃社海拔低於 200 公尺以下，大部分蕃地水田位於標高 200-600 公尺之淺山或半山腰。然而臺東廳無論是水田栽種面積或年產量都不如花蓮港廳。從圖 5-3-1 與圖 5-3-2 可以發現，無論在花蓮港廳或臺東廳，蕃地水田都位於主要河川流域內，可見，水源供應是否穩定，是蕃地水田能否具有成效的重要因素。在東臺灣，海拔 1000 公尺以上的蕃地沒有水田的蹤跡，總督府力求以品種改良或是調整栽種方式將水稻推廣至較高海拔之蕃社，在花蓮港及臺東二個看來是事倍功半，更遑論在高地如何維繫穩定的灌溉水源以供應水田。可見蕃地水田的分布與栽種成績，仍受到海拔高度的影響甚大。（表 5-3-1）

表 5-3-1 東臺灣蕃地水稻分布概況(1933)

花蓮港廳				臺東廳			
蕃社名	海拔(公尺)	栽種面積(甲)	產量(石)	蕃社名	海拔(公尺)	栽種面積(甲)	產量(石)
タビラ(太平)	198	56.00	508.00	太麻里	60	108.87	1057.97
平林	180	55.00	844.60	大南社	135	41.83	232.75
ブセガン(玻士岸)	60	35.00	350.00	里壟山	330	8.89	85.33
ロブサン(崙布山)	78-750	24.30	214.40	ボクラブ(布谷拉夫)	350	7.20	76.97
イソガン(伊特幹)	150	24.00	182.60	ハイトトワン(海端)	294	4.50	73.67
ダオラシ(道拉斯)	39	19.20	393.70	軒子崙	240	4.28	20.98
ムキイボ(依柏合)	137	18.00	239.00	太武窟	300	2.90	20.65
タガハン(大加汗)	45-450	16.00	240.00	スンヌンスン(喜儂頌)	345	2.50	22.50
エカドサン(埃卡多散)	18	15.70	184.64	トアバル(吐瓦巴勒)	150	2.40	31.27
コソン(古松)	252	13.50	119.00	カナテン(加典)	300	2.00	21.80
ブスリン(玻士林)	39	13.40	270.55	大武	8	1.58	21.50
マフラン(馬忽蘭)	240	12.00	112.00	丹那社	330	1.32	12.22
コロ(古魯)	39	10.60	170.72	鴨子蘭	195	1.23	19.27

花蓮港廳			臺東廳			
蕃社名	海拔 (公尺)	栽　種 面　積 (甲)	產　量 (石)	蕃社名	海拔 (公尺)	栽　種 面　積 (甲)	產　量 (石)
マホワン (馬候宛)	180- 1200	10.00	82.00	カナスオ イ(加拿)	450	1.11	11.23
タツケイ (卓溪)	150	9.00	82.00	察臘密	390	1.00	10.15
パゼック (巴支可)	60	6.00	73.00	パリブガ イ（八里 芒)	600	0.65	8.02
ウイリ (威里)	24	4.79	34.04	楠	420	0.50	9.97
豊田村	106	2.80	22.40	羅打結	75	0.35	5.20
カウワン (加灣)	24	2.30	14.98	マンテウ (網綢)	360	0.35	2.80
ロチエン (路金)	84	2.24	27.10	打臘打蘭	390	0.27	2.00
ムクムグ （慕谷慕 魚)	180	2.16	29.44				
セイスイ (清水)	90	0.50	3.00				
ムキブラ タン (玻拉丹)	30	0.50	6.00				

資料來源：整理自臺灣總督府警務局理蕃課，《高砂族調查書 第二編 生活》（臺北：總督府警務局理蕃課，1937）；臺灣總督府警務局理蕃課，《高砂族調查書 第五編 蕃社概況 迷信》（臺北：總督府警務局理蕃課，1938）。

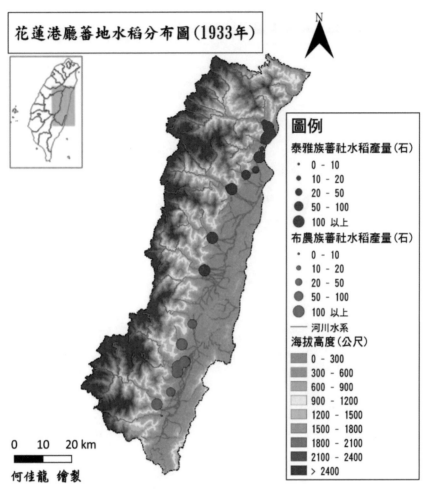

圖 5-3-1　花蓮港廳蕃地水稻分布圖(1933)

資料來源：臺灣總督府警務局理蕃課，《高砂族調查書 第二編 生活》（臺北：總督府警務局理蕃課，1937）；葉高華，地圖會說話
(https://mapstalk.blogspot.com/)。

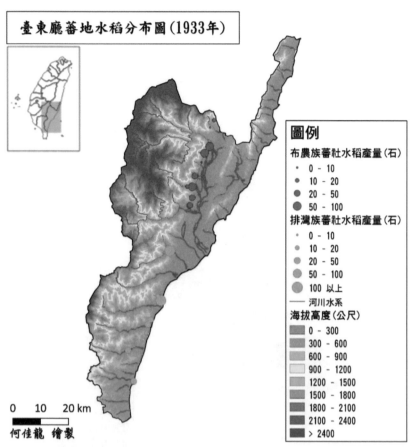

圖 5-3-2　臺東廳蕃地水稻分布圖(1933)

資料來源：臺灣總督府警務局理蕃課，《高砂族調查書 第二編 生活》（臺北：總督府警務局理蕃課，1937）；葉高華，地圖會說話 (https://mapstalk.blogspot.com/)。

　　水稻的栽種無法完全普及於高海拔蕃地，於是總督府退而求其次，開始推行陸稻。有些原住民自古所種植的旱作糧食中，已有陸稻的蹤跡。臺東廳共有 66 個蕃社種植陸稻，花蓮港廳則有 46 個蕃社栽種，就栽植的地點而言，數量是大於水稻田的。栽種面積部分，花蓮港廳蕃地共有水稻 352.99 甲，陸稻 557.10 甲；臺東廳蕃地水稻 199.33 甲，陸稻 318.45 甲。看似在東臺灣蕃社，陸稻較水稻普及。接著觀察年產量，花蓮港廳水稻 4,203.17 石，陸稻 4,368.18 石；臺東廳水稻 1,797.03 石，陸稻 1721.20 石。[371]就單位面積產量而言，陸稻的生產效益反而比水稻還要更低。至於陸稻在東臺灣，主要仍以海拔 1,000 公尺以下的蕃社種植較為普遍。但產量及栽種面積，並無受到所在地標高明顯影響，可見陸稻的栽植除了海拔高度之外，或許也要考量其他自然條件對於耕作成績之影響。（表 5-3-2）

表 5-3-2　東臺灣蕃地陸稻分布概況(1933)

花蓮港廳			臺東廳			
蕃社名	海拔 (公尺)	栽種面積 (甲)	產量 (石)	蕃社名	海拔 (公尺)	栽種面積(甲)	產量 (石)
タツキリ (德其黎)	21	68.00	548.40	大南社	135	40.37	303.05
タガハン (大加汗)	45-450	40.00	340.00	カラタラン(卡拉打蘭)	690	13.20	78.80
カウワン (加灣)	24	28.20	378.05	チョカクライ(就卡固來)	810	12.00	52.00

---

[371] 臺灣總督府警務局理蕃課，《高砂族調查書 第二編 生活》（臺北：總督府警務局理蕃課，1937），頁 26、78。

花蓮港廳				臺東廳			
蕃社名	海拔 (公尺)	栽種面 積 (甲)	產　量 (石)	蕃社名	海拔 (公 尺)	栽種面 積(甲)	產　量 (石)
コロ(古 魯)	39	27.40	239.10	ビララ ウ (密老老)	750	11.00	65.20
モツクエ (木瓜)	108	26.00	200.10	マリド ップ(麻 勒得伯)	369	10.00	58.00
ブセガン (玻士岸)	60	24.50	193.00	丹那社	330	8.00	45.50
グークツ (姑姑仔)	26	24.50	174.30	トリト リ (斗里斗 里)	390	8.00	48.77
銅文蘭	171	24.00	194.00	タリリ ク (大里力)	750	7.70	33.10
ムクムグ (慕古慕 魚)	180	20.60	166.00	パウモ リ (杷宇森)	660	7.70	47.56
ホーホス (赫赫斯)	900	20.00	118.02	トアバ ル (吐瓦巴 勒)	150	7.00	32.20
エカドサ ン (埃多卡 散)	18	18.30	178.75	カアロ ワン (卡阿路 灣)	600	7.00	27.50
デカロン (得卡倫)	41	18.20	165.60	楠	420	6.81	46.65
平林	180	16.50	99.00	トアカ	690	6.80	17.84

花蓮港廳				臺東廳			
蕃社名	海拔(公尺)	栽種面積(甲)	產量(石)	蕃社名	海拔(公尺)	栽種面積(甲)	產量(石)
				ウ(大狗)[372]			
ロブサン(崙布山)	78-750	15.00	60.00	トビロウ(托畢錄)	900	6.50	25.80
ウイリ(威里)	24	14.38	96.57	スンヌンスン(喜儂頌)	345	6.00	39.00
新城	15	12.60	132.50	ツダカス(庫塔卡斯)	450	6.00	26.00
ブスリン(玻士林)	39	11.30	119.50	マリブル(麻里霧)	600	5.70	24.10
サカダン(砂卡噹)	1,100	11.20	89.43	タイハンロク(大板鹿)[373]	180	5.46	13.17
イソガン(伊特幹)	150	11.00	62.00	東デババオ(東吉發發屋)	390	5.00	21.00
タビラ(太平)	198	10.00	70.00	ジョモル(九汶)	900	5.00	30.00
コソン(古松)	252	10.00	50.00	羅打結	75	5.00	60.00

[372] 位於今臺東縣達仁鄉臺坂村，大竹高溪支流臺坂溪及拉里吧溪匯流口一帶的高位平緩階地。
[373] 位於今臺東縣達仁鄉臺坂村。

花蓮港廳				臺東廳			
蕃社名	海拔(公尺)	栽種面積(甲)	產量(石)	蕃社名	海拔(公尺)	栽種面積(甲)	產量(石)
パゼック(巴支可)	60	10.00	85.00	トロコワイ(就魯姑歪)	690	4.80	17.04
ムキブラタン(玻拉丹)	30	8.75	40.27	西デバオ(西吉發發屋)	660	4.50	20.50
マフラン(馬忽蘭)	240	8.00	34.00	察臘密	390	4.20	14.30
シラガン(西拉岸)	480	7.50	35.00	大鳥萬	300	4.20	11.03
タツケイ(卓溪)	150	7.00	49.00	パリブガイ(八里芒)	600	4.15	11.03
セイスイ(清水)	90	7.00	46.00	ボクラブ(布谷拉夫)	350	4.11	21.41
ムキイボ(依柏合)	137	6.00	94.00	カナテン(加典)	300	4.00	27.00
シツクイ(西奎)	1,740	5.50	33.00	ラリバ(拉里巴)	300	3.70	6.12
キネボー(克尼布)	45	5.04	42.41	トコゴ(讀古梧)	900	3.70	26.60
ロチエン(路金)	84	4.50	34.20	太武窟	300	3.60	18.00
ラクラク(拉庫拉庫)	300	4.00	26.00	カケラブチャン(卡給拉芙查呢)	330	3.20	3.80

花蓮港廳				臺東廳			
蕃社名	海拔(公尺)	栽種面積(甲)	產量(石)	蕃社名	海拔(公尺)	栽種面積(甲)	產量(石)
チウ(中)社	450	4.00	20.40	タバカス(他巴卡斯)	750	3.00	4.80
豊田村	106	4.00	28.00	ナボナボ(那保那保)	900	3.00	10.10
ナモガン(那母岸)	90	3.50	26.00	キナバリヤン(吉那發力樣)	360	2.82	12.10
ババフル(巴巴夫魯)	210	3.00	12.50	チヨコゾル(松武落)	420	2.75	19.48
ダオラシ(道拉斯)	39	2.73	25.20	打腊打蘭	390	2.70	12.75
ツブラ(達布拉)	600	2.50	6.50	鴨子蘭	195	2.50	16.50
マホワン(馬候宛)	180-1200	2.50	12.50	獅子獅	420	2.50	5.80
北マヘヤン(北馬黑洋)	848	2.00	6.50	虷子崙	240	2.20	8.39
ソワサル(蘇瓦沙魯)	1,290	2.00	12.00	里壠山	330	2.00	11.20
シーパウ(西寶)	1,050	1.60	5.60	カクブラン(阿烏福蘭)	750	2.00	2.35
バチカン	1,620	1.50	7.00	拔子洞	420	1.80	3.51

花蓮港廳				臺東廳			
蕃社名	海拔(公尺)	栽種面積(甲)	產量(石)	蕃社名	海拔(公尺)	栽種面積(甲)	產量(石)
(巴支干)							
シカラハン (希拉卡汗)	1,260	1.30	7.80	甘那壁	345	1.70	6.50
イボホ (伊玻厚)	840	1.00	2.40	大得吉	420	1.70	7.95
レクネ (雷個尼)	1,650-2,400	0.50	2.50	コアロン (姑子崙)	360	1.50	5.00
				カルカブズ(哈路哈拉入)	450	1.50	9.28
				近黃社	381	1.50	8.90
				バジョロ (巴舊羅)	540	1.17	4.00
				カナスオイ(加拿)	450	1.00	6.06
				太麻里	60	1.00	7.27
				アロヱ (阿塱壹)	450	1.00	2.50
				トコブルイビリ(吐久武)	660	1.00	7.50

資料來源：整理自臺灣總督府警務局理蕃課，《高砂族調查書 第二編 生活》（臺北：總督府警務局理蕃課，1937）；臺灣總督府警務局理蕃課，《高砂族調查書 第五編 蕃社概況 迷信》（臺北：總督府警務局理蕃課，1938）。

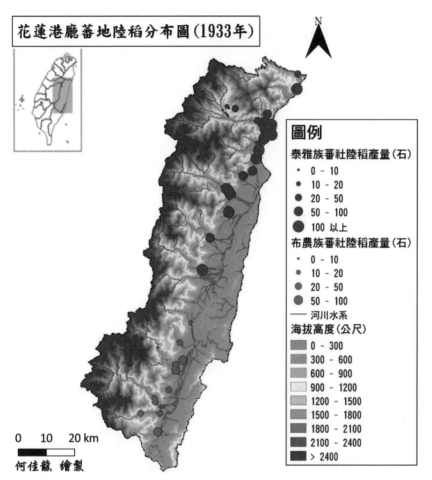

圖 5-3-3　花蓮港廳蕃地陸稻分布圖(1933)

資料來源：臺灣總督府警務局理蕃課，《高砂族調查書 第二編 生活》（臺北：總督府警務局理蕃課，1937）；葉高華，地圖會說話(https://mapstalk.blogspot.com/)。

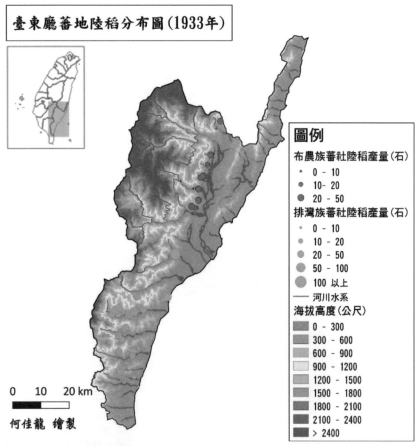

圖 5-3-4　臺東廳蕃地陸稻分布圖(1933)

資料來源：臺灣總督府警務局理蕃課，《高砂族調查書 第二編 生活》（臺北：總督府警務局理蕃課，1937）；葉高華，地圖會說話 (https://mapstalk.blogspot.com/)。

　　蕃人揮棄傳統的狩獵與燒墾進入定地耕作之後，以水稻爲主的農業，可視生產面積與產量多寡反映其經濟條件與生活狀況之端倪。觀察表5-3-3可以看出，雖然花蓮港廳的蕃地水田農業優於臺東廳，但若將這二個行政區合併，並與同年度之一般行政區轄下之平地水

田農業加以對照。我們可以發現，昭和 10-16 年（1935-1940），東
臺灣蕃地整體的水稻平均產量仍然較東臺灣平地之水稻田產量少
了約 15%。

　　雖然蕃地水田農業的栽種面積與產量低於平地是可以預期的，
但是其中差距並未相當懸殊。歸咎原因，東臺灣平地水田平均產量
也低於臺灣西部水田平均，導致平地與蕃地的差距並不明顯。原因
可能與東臺灣之水文條件惡劣有關：由於河谷兩側坡地過於陡峭，
洪水挾帶大量砂石注入河谷平原，加上河床不穩，常造成農田的流
失。因此東臺灣聚落與耕地常退到靠山較安全處，導致土地利用受
限。本區河川也過於短促，坡度過大而水量不穩，難以灌溉利用。[374]

表 5-3-3　東臺灣蕃地與東臺灣平地水稻成績比較表(昭和 10-16 年)

年度	東臺灣蕃地			東臺灣平地		
	栽種面積(甲)	總產量(石)	平均產量(石/甲)	栽種面積(甲)	總產量(石)	平均產量(石/甲)
昭和 10 年	483.86	4,426.74	9.15	23,525.43	219,919	9.35
昭和 11 年	500.46	4,579.72	9.15	25,440.20	264,686	10.40
昭和 12 年	567.10	5,214.49	9.20	27,604.30	284,377	10.30
昭和 13 年	607.43	5,971.48	9.83	27,750.59	316,407	11.40
昭和 14 年	643.41	5,624.80	8.74	30,169.79	305,709	10.13
昭和 15 年	663.90	4,910.66	7.39	29,206.17	288,939	9.89
昭和 16 年	670.21	5,069.00	7.56	28,566.76	246,614	8.63

資料來源：臺灣總督府殖產局，《臺灣農業年報》（臺北：臺灣總督府殖
產局，1936-1942）。

　　至於不同族群的原住民對於水稻農業是否皆能完全接受呢？
由於總督府將居住於花蓮、臺東地區的平原地帶的阿美族視為「平

---

[374] 陳鴻圖，《人物、人群與近代臺灣水利》(新北：稻鄉，2019)，頁 124-125。

地蕃人」，[375]因其早已開始栽種水稻，在日治時期已非殖民政府眼中農耕尚很幼稚，需要被移住至低海拔地區重新教授農耕知識的蕃人。因此《高砂族調查書》並未調查阿美族所栽種之水稻面積與產量。但我們仍可從該調查中，各族群耕地概況內窺知一二。無論在花蓮港廳或臺東廳，阿美族的聚落內大多為水田，可知雖然未有水稻之詳細統計數據，但阿美族人的水稻栽種成績，無論耕地面積或生產量，肯定都是冠於所有的原住民。臺東廳的排灣與布農族，花蓮港廳的泰雅與布農族所在之聚落，主要耕地為旱田，可見他們分布於海拔較高或水利設施較缺乏之地區。（表 5-3-5、5-3-5）可見這三個族群受到「集團移住」及「蕃地水田農業」政策較大的影響，進而改變部落傳統生活模式。

表 5-3-4 昭和 8 年(1933)花蓮港廳蕃人耕地概況(單位：甲)

族群	水田面積	所占比例	人均面積	旱田面積	所占比例	人均面積	總計
阿美族	3,099.670	93.741%	0.132	1,657.000	14.419%	0.070	4,756.673
泰雅族	124.137	3.754%	0.013	6,625.365	57.653%	0.700	6,749.502
布農族	82.800	2.504%	0.027	3,209.420	27.928%	1.056	3,292.220
合計	3,306.607	100%	0.092	11,491.788	100%	0.319	14,789.395

資料來源：臺灣總督府警務局理蕃課，《高砂族調查書 第二編 生活》（臺北：總督府警務局理蕃課，1937），頁 190-191。

---

[375] 黃唯玲，〈日治時期平地蕃人的出現及其法律上待遇（1895-1937）〉，頁 118。

表 5-3-5 昭和 8 年(1933)臺東廳蕃人耕地概況　(單位：甲)

族群	水田面積	所占比例	人均面積	旱田面積	所占比例	人均面積	總計
阿美族	3,025.213	79.210%	0.135	2,794.578	14.659%	0.128	5,819.791
排灣族	640.466	16.796%	0.044	11,561.401	60.647%	0.797	12,201.867
布農族	22.734	0.595%	0.005	4,536.920	23.799%	1.058	4,559.654
雅美族	130.830	3.426%	0.077	170.560	0.895%	0.100	301.390
合計	3,819.243	100%	0.090	19,063.459	100%	0.450	22,882.702

資料來源：臺灣總督府警務局理蕃課，《高砂族調查書 第二編 生活》（臺北：總督府警務局理蕃課，1937），頁 190-191。

至於東臺灣需要接受「集團移住」的三個族群當中，泰雅族所生產的水稻產量最多，平均產量也居冠。布農族次之，但有地區差異，花蓮布農族的水稻平均產量較佳，臺東布農族的發展則較為緩慢。排灣族所擁有的水田面積最多，但與產量不成比例。由於排灣族皆分布於臺東廳，臺東廳的蕃地水稻成績已較花蓮港廳遜色，再加上排灣族移住前主要居住於較高海拔之「奧地」蕃社，受到地形與標高之影響，發展水稻農業之難度亦較大，因此導致其平均產量遠低於泰雅族與布農族。

表 5-3-6 昭和 8 年(1933)東臺灣蕃人水稻生產概況

族群	水稻產量(石)	水田面積(甲)	平均產量(石/甲)
泰雅族	2,900.17	124.137	23.361
排灣族	1,429.76	640.466	2.231
布農族	1,670.27	105.534	15.827

資料來源：臺灣總督府警務局理蕃課，《高砂族調查書 第二編 生活》（臺北：總督府警務局理蕃課，1937），頁 112。

第四節　移住政策與蕃地水田農業之論戰

　　岩城龜彥在總督府警務局理蕃課是重要的蕃地調查員與技師，他是推行集團移住政策的核心人物之一，經常在《理蕃の友》、《臺灣農事報》、《臺灣警察時報》、《臺灣時報》、《臺灣經濟研究會誌》等刊物中發表文章。後岩城將個人著作〈臺灣の蕃地開發調查に就て〉、〈蕃人の農業経営論〉、〈蕃地の経済価值〉、〈奧地蕃人集団移住問題の檢討〉、〈蕃人指導に關する管見〉等文章集結成册，著書《臺灣の蕃地開發と蕃人》。此書爲個人對蕃地開發政策理論之集大成，內容多爲期許增加蕃地理蕃職員對於蕃地蕃人農耕地的管理和水稻農業各方面的技術關心，岩城爲「蕃地開發調查」之重要推手，他主張開發蕃地，其中一大要素必須先促使蕃人移住，其理由是基於治安警備上的需要。且有利於後續推行水稻農業爲主的授產政策，使蕃人得以定地耕作並且自給自足。蕃地調查員與學者雖然都受聘於總督府，也在各種講習中發表建議與教授相關知識。但其對於移住與授產政策的矛盾，在此時也接連不斷浮現。其中岩城龜彥可爲鷹派，並針對反對其集團移住及授產政策者，列舉其姓名並大力批判。

　　移川子之藏是臺北帝國大學「土俗學人種學講座」的教授。主要研究現代民族學及文化人類學等科目，其研究領域與高砂族的關係最爲密切。對日本學界而言，他可以說是文化史學派人類學的先驅。大正 11 年（1922），總督府將蕃族調查事務委託其執行。昭和 3 年（1928），移川子之藏被任命爲臺北帝國大學教授。他在著作《臺灣高砂族系統所屬の研究》中，將臺灣原住民分爲九族。移

川認為欲達成「忠誠高砂族育成的大事業」，不應勉強他們移住至平地，可使蕃人「安住於山地的天地」並建立「現代化的山間村落」。而開發山林間的礦產及林產也必須仰賴蕃人之力量。[376]

岩城龜彥不贊成移川子之藏的理論，他在《臺灣蕃地の開發と蕃人》一書中，加以回應。他認為移川鮮少實地踏查與研究，見解流於表面，並以「皮相（表面、淺薄）的意見」、「ユートピア（烏托邦）」、「蜃氣樓（海市蜃樓）」等詞加以形容。[377]岩城認為「於山地建立村落」只是紙上談兵。為了治安警備上的需要，將奧蕃移住至山腳地帶教授定耕農作之法，才是根本的解決之道。

奧田彧是臺北帝國大學理學部農學科教授，曾接受臺灣總督府的聘雇，於昭和 14 年（1938）被任命為山地開發調查委員會委員；次年被任命為兼任臺灣總督府技師。同時也擔任了臺灣總督府所主辦的講習會講師，昭和 12 年（1937）2 月被任命為「理蕃幹部講習會」講師；昭和 13 年（1938）被任命為「蕃地指導農園擔任者講習會」講師；昭和 15 年（1940），則被任命為「蕃地指導農園擔任者講習會」講師，協助總督府對蕃人進行農業知識的講授。

然而，奧田彧對於集團移住與蕃人授產的意見卻與岩城龜彥相左。他在《臺灣蕃人の農業經營に關する私見》一文中，主張沒有必要推動蕃人轉變為水田農業，改良蕃人農業可以往結合耕種、畜產、林業之方向發展，蕃人可以繼續利用斜坡地，[378]奧田彧指出若

---

[376] 岩城龜彥，《臺灣の蕃地開發と蕃人》，頁 315。

[377] 岩城龜彥，《臺灣の蕃地開發と蕃人》，頁 325-327。

[378] 奧田彧，《臺灣蕃人の農業經營に關する私見》（臺北：臺灣農事報，1933），頁 14。

在警備上需要遷移的話，可集合約三四戶，或者移到「警備道路」的附近，儘量讓他們留在蕃地深山較好。[379]

奧田彧並主張，應該尊重蕃人的傳統農業。日本內地及朝鮮不少的地方也有刀耕火種，如此農業方法與「文明程度」無關。對蕃地及蕃人而言最適合的農耕方法就是火田農業，因此沒有必要改成水田，政府也應該考慮維持旱田並改良農業。他所提的理由如下：在蕃地能開闢成水田的地方不多，無法養活蕃社中所有人口；黍和小米比稻米容易保存，能使蕃人的生活穩定；黍和小米味道和營養也不會輸給稻米；將整個蕃地的旱田改成水田成本太高；當時的蕃人並不像一般人認為不願定居，其實他們是有定居習慣。所以政府應該給他們所有權，但為了避免蕃人之土地所有權流失，應該對所有權有限制。[380]

奧田彧認為微小的錯誤也將導致失去蕃人的信賴，因此負責指導授產者必須小心個人的行為。當時理蕃當局推廣水田農耕及養蠶，奧田彧卻認為向蕃人推廣這些商業農作必須小心，因為蕃人是過著自給自足的生活，難以理解市場經濟，也就是受到市價變動的影響或生產工具需要高成本的農作。同時他也指出蕃人在交易時若收入比去年少，便會懷疑警察暗中偷錢，這將會成為治安不穩的原因。

奧田彧從經費不足及開墾不易的難點主張山地的農業經營應以旱作為中心，而不應以水田為中心，更直言若肥料管理的問題沒有解決，在山地移入集約農業只會造成不適，甚至使原住民經濟生

---

[379] 奧田彧，《臺灣蕃人の農業經營に關する私見》，頁 20。

[380] 奧田彧，《臺灣蕃人の農業經營に關する私見》，頁 11-14。

活本身產生破綻，根本無法改變山田燒墾農業將來仍有存立的必要
性與可能性的事實。[381]

對此，在面臨水田作不經濟的事實下，統治當局似乎也接受了。
這由奧田幾度受邀在「授產講習會」上發表演說就可得知。而岩城
龜彥也在所發表文章中修正理論，認為在水源供應不足或海拔較高
的蕃地上，可以需水較少的陸稻代替水稻，做為蕃人對米食欲望的
補充。也訂立計畫要甚少栽培陸稻的布農族種陸稻；同時也開始注
意傾斜地的利用，並重新審視蕃人既有之傳統糧食作物之價值，如
小米與甘藷等。[382]但出現這樣的觀點轉變，並非總督府開始重視學
者的建議，而是太平洋戰爭使得時局出現轉變，迫使當局必須調整
授產政策，不再堅持「水田第一主義」。

---

[381] 奧田彧，《臺灣蕃人の農業經營に關する私見》，頁 28。
[382] 岩城龜彥，〈蕃人食糧問題と陸稻作（下）〉《理蕃の友》3(7)，頁 5。

第六章　結論

　　「東臺灣」在自然環境上，有著自成一格的特徵。主因爲中央山脈具有地形上的阻隔性；其次，東臺灣海岸平直，爲缺乏灣澳的斷層海岸，不利海上運輸之發展；位於中央山脈以東與海岸山脈之間的花東縱谷，地勢雖較爲平緩，但實際上亦非肥沃或平坦的平原。東臺灣相較於臺灣西部，具有高度特殊性與獨立性，無論是行政機關的設置、族群分布的比例，或是林野調查的方針，皆與西部有明顯差別。

　　臺灣總督府瞭解，就經濟層面而言，要以國家力量完全掌控蕃地，才能開發山林，順利推展製腦、伐木、採礦事業。大正 14 年（1925），在官有林野整理事業查定要存置林野的基礎上，展開森林計畫事業，兩者有著不容忽視的延續性。大正 15 年（1926）1月，殖產局發佈〈森林計畫事業ニ關スル件〉給各州廳長，其中的「訓令案拔萃」，將森林計畫事業規程中的第 6、7、8 條先「拔萃」，第 8 條定義了符合準要存置林野之定義。大正 14 年（1925）由總督府殖產局進行森林計畫事業，其中，所保留的範圍屬於準要存置林野的部分，於森林計畫事業報告書中記載爲「蕃人所要地」，並規劃分配每位蕃人 3 公頃的所要地。昭和 5 年（1930）起，警務局展開爲期 10 年的蕃地開發調查事業，結果顯示：有 30,108 位蕃人，因居於位置偏遠、交通不便且缺乏適當農耕地的深山蕃地，需要移住。此外也修正了森林計畫事業將蕃人保留地多劃定於低利用價值的「奧部高山地帶」，並以農業技術之立場爲出發點，重新調整蕃人的保留地。昭和 11 年（1936）由總督府殖產局進而推動以山地

之「農業」開發為著眼點的「山地開發調查」，可視為國家力量直接進入山林，將蕃人做為山林開發的勞動力來源，也為了國家利益，解編了先前的高砂族保留地。

內務局在大正 9 年（1920）公布〈蕃人移住地及耕作地等ニ關スル件〉，規定「蕃地內新設之蕃人移住地及耕作預定地得由總督認可」。據此，主管土地處分的內務局及主管理蕃事務的警務局，會是首要的主管機關。因此，本研究著眼於「東臺灣」這個較大的區域，而非流域或部落等小區域，即是想要了解〈蕃人移住地及耕作地等ニ關スル件〉公布後，地方主管機關如何統合與規劃行政區下的集團移住政策。「七腳川事件」後，總督府將七腳川社人移住到南勢六社、賀田組、鹿寮及大埔尾等地，也將舊部落土地充作國家政策之用。七腳川社人在新七腳川社，利用國家配給之陸稻與甘藷開始從事農業生產。雖然與日後理蕃政策中的方針不盡相同，但仍可將七腳川事件視為日治時期「集團移住」與「蕃人授產」政策之濫觴。大正 14 年（1925），總督府擬定「水平式的集團移住」，將位於奧地高山的蕃社移居至同一高度或駐在所附近的地區。對於在蕃人所要地外開墾的蕃人，則積極的以指導授產，進行水田農業。霧社事件後，改推行將居住於 3,000 尺以上山區的或是散居的蕃人部落，強行合併及遷移至低海拔淺山或駐在所附近的大型集團移住政策」。昭和 8 年（1933），起草《蕃人移住十箇年計畫書》，預計以 10 年時間，將居住於奧地的蕃人集團移住至淺山的山腳地帶以進行農耕，並改變其粗放的輪耕方式，並且規劃給予移住蕃人每人 0.1 甲水田與旱田 0.25 甲。

　　集團移住對蕃人而言，不僅僅是居住處所的變化。從高海拔的奧地遷往低海拔的淺山丘陵，意味著要重新適應全新的自然環境。更可怕的大敵則是瘧疾的威脅，蕃人依據長年的生活經驗，以散居的型態避免瘧蚊侵擾，但移居到低海拔後，集團移住政策將分散的蕃社集中，又為了水田農業而開墾水圳與渠道清澈的溪水反利於瘧蚊滋生，成為一大阻礙。

　　日人自領臺之始，便熱心於山地的調查，對於傳統蕃地農業如何進行休耕與輪作，有著一定程度的認識，並試圖減少蕃地傾斜地的休耕年限，增加單位面積產量。霧社事件隔年，總督府公告《理蕃政策大綱》，其中第五項說明總督府意圖改變蕃人火耕式、燒墾式的農耕，而進行集約式的「定地耕作」，讓蕃人集體移住至山腳地帶採行水田耕作。此外，也試圖開發適合栽種於高地的水稻品種與栽作方式，然而受限於地形、氣候與水源等外在條件，水田農業在蕃地的成功率並不如官方所述般如此順利，草率進行水稻試種，卻由於灌溉用水不足而廢耕的案例在東臺灣時有所見。當局乃改為獎勵在山地耕種陸稻，但其收穫量卻一直不穩定，因此未如預期般順利。

　　東臺灣的水稻面積及收穫量，在授產政策推行之後，都有明顯的增加。顯見總督府對蕃人稻作的推行有一定的成效，臺東廳的水稻栽培發展較慢，然發展潛力較大。陸稻雖然有逐年成長的趨勢，但起伏較大，在栽種面積與產量部分則有著區域間的差異。可見陸稻似乎也無力完全取代水稻作為替代糧食。

　　東臺灣的蕃產交易額，從 1930 年以來年年成長，短短 10 年內，花蓮港廳交易收入成長了近 12 倍，臺東廳也有 5 倍以上。交易金額反映到收入，也會使得蕃人的生活品質有所變化。可見，總督府利用「集團移住」政策，將蕃人遷居至適合發展定耕農業的地區，一來便於接受駐在所的監控，可以避免其滋生事端。再者，蕃地警察與蕃地調查員進入蕃社中教化蕃人農耕，即使其中過程受到蕃人的抵抗或是消極面對。然而授產所收成的作物，成為市場上交易的主力，成長的交易額也可以使得蕃人生活與收入上獲得改善，正因如此，即便政策甫開始推行時，受到不少阻礙。然而在經濟與生活的現實考量下，大部分的蕃人仍然願意投入生產，成為勞動力的來源。

　　臺東廳共 94 個蕃社當中，僅有 22 個蕃社有種植水稻，其中僅有 2 個蕃社年產量超過 170 石；花蓮港廳 72 個蕃社中，23 個蕃社有栽種水稻，當中 11 個蕃社栽種面積達 1 年 170 石以上。花蓮港廳 23 個有栽種水稻的蕃社中，有 18 個蕃社位於海拔 200 公尺以下的緩低平地。臺東廳大部分蕃地水田位於標高 200-600 公尺之淺山或半山腰。在東臺灣，海拔 1,000 公尺以上的蕃地沒有水田的蹤跡，總督府力求以品種改良或是調整栽種方式將水稻推廣至較高海拔之蕃社，在花蓮港及臺東看來是事倍功半，更遑論在高地如何維繫穩定的灌溉水源以供應水田。可見蕃地水田的分布與栽種成績，仍受到海拔高度的影響甚大。

　　總督府轉而開始推行陸稻。臺東廳共有 66 個蕃社種植陸稻，花蓮港廳則有 46 個蕃社栽種，就栽植的地點而言，數量是大於水

稻田的。就單位面積產量而言，陸稻的生產效益反而比水稻還要更低。至於陸稻在東臺灣，主要仍以海拔 1,000 公尺以下的蕃社種植較爲普遍。但產量及栽種面積，並無受到所在地標高明顯影響。

　　相較於以平地爲主要居住地的阿美族人，居於東臺灣蕃地的太魯閣族、賽德克族、排灣族與布農族，其所在之聚落，主要耕地爲旱田，可見他們分布於海拔較高或水利設施較缺乏的地區。花蓮布農族的水稻平均產量較佳，臺東布農族的發展則較爲緩慢。排灣族所擁有的水田面積最多，但與產量不成比例。其移住前主要居住於較高海拔之蕃社，受到地形與標高之影響，發展水稻農業之難度亦較大，因此導致平均產量遠低於太魯閣族、賽德克族與布農族。

　　綜觀集團移住政策，仍可以發現東臺灣的特殊性。花蓮港廳與臺東廳轄下，太魯閣族與布農族位於中央山脈東側山地 1,000 公尺以上的蕃社，幾乎全部被消失，被遷移到中央山脈山腳，而臺東廳南段位於今南迴線上的排灣族部落，則幾乎原封不動地保留至戰後才進行移住。由移住順序可以窺見殖民政府對於威脅性不同的族群，在處理移住上仍有著輕重緩急的次序性。此現象與西部臺灣的原住民部落分布有極大的差異性。

　　東臺灣蕃地水田農業的栽種面積與產量低於東臺灣平地是可以預期的，但是其中差距並未相當懸殊。歸咎原因，東臺灣平地水田平均產量也低於臺灣西部水田平均，導致平地與蕃地的差距並不明顯。原因可能與東臺灣之自然條件惡劣，即便縱谷平原，也並非水田農業的最理想耕地。加上東臺灣的日照時數低於同緯度西部臺灣，也使得收穫量不及西部。此外，同爲東臺灣，然花蓮港廳與臺

東廳在水稻與陸稻的栽作產量上，也並非完全相同，而是有著不同的發展程度，此為東臺灣蕃地農業在區域內的差異性。

陳秀淳研究分布於臺灣西部新竹州蕃地的泰雅族ガオガン（料崁）部族，其中エヘン社的水田栽種成績最佳，昭和 8 年（1933），是該區域唯一可輸出水稻且為年平均所得最高的部落，也被總督府列為「先進蕃社」。然而，在水田中心主義政策下，至日本人撤離臺灣之時，已無可墾成水田之適地。但東臺灣的蕃地水田農業，大多從戰後至今仍有栽種。作者認為日人從生態保育的立場批評原住民傳統的燒墾農業並鼓吹栽作水田，其立論是相當薄弱。此外，水稻因為有較高的經濟價值且為重要的維生作物，因此受到總督府重視，進而形成水田熱。這樣的論點筆者是贊同的。然而作者認為，以水田為中心的授產內容一直無法擺脫狹隘的格局，阻遏了原住民社會其他可能性的經濟發展，加上貿然開發水田形成惡性循環。導致從日治到戰後，原住民的經濟困乏至今。筆者對這樣的論點有不同的看法，霧社事件後，總督府試圖理解原住民傳統的農業方式與社會型態，並且以「適地適作」方針修正原有的水田主義，然由於戰事吃緊，又回到蕃地水田投入糧食供應的老路。縱使如此，原住民因為農業生產而增加了收入，卻是具體的事實。對於作者論點，認為以畜牧、養蠶、椎茸或是溫帶果樹栽培反而是較能發展特色與維持經濟的方法。筆者認為，這樣的山地農業生產模式僅是理想，恐無力供應日治到戰後日益蓬勃的市場經濟。

而究竟「集團移住」以及「蕃地稻作」是種「結果」抑或「方針」呢？我們不妨將其視為日治時期理蕃政策下，為有效將蕃地內

的山林資源納入帝國體制的控制下，所採取的一種方式。至於將山林內的原住民遷移下山，並以稻作與農業使其定耕，可說是以更爲經濟的方式進行另類的「征服」。先使其自給自足，可以節省控制山林住民所需的成本。而在蕃地農業中所獲得的糧食產量能否納入國家所需以及效益如何，或許並不是統治者最關心的第一要務。

一個國家政策的成敗，或許可以從多面向來加以分析。集團移住帶給原住民的，不只是生活區域的改變，還有隨著遷移而流失的部落文化與族群的凝聚力，面對瘧疾等傳染病的威脅，似乎也只能毫無選擇地配合國家進行各項防治措施，移住政策使拆散了原住民既有的社交網絡，被迫展開全新的勞動方式與生活。但卻使官方更能將影響力深入每一戶蕃社。單就數據加以分析授產政策，東臺灣的蕃地水稻能夠種植的區域似乎僅限於平原與低海拔淺山，栽種面積與產量也較平地遜色不少。陸稻也無法取代水稻成爲新的定地耕作糧食作物。即使官方熱心投入許多心力推行蕃地農業，就此層面而言，績效似乎不彰。然而總督府透過授產政策，開始讓居於蕃地內的原住民成爲爲帝國服膺的勞動力，而不再是無法溝通與控制的化外之民。蕃產交易更藉由價格，使原住民將農產收穫視爲掙錢的主要項目。不需要利用武力征服，就能有效控制蕃社，就總督府的角度而言，這難道不是種更爲經濟而有效的統制手段嗎？總督府藉由一系列的理蕃政策，有系統地將東臺灣從「化外」變成「實土」，集團移住與蕃人授產的實施，進而將蕃人變成帝國體制下的「國民」。以此加以分析，戰後臺東許多原住民部落的遷徙，似乎仍看得到集團移住政策的影子，而至今東臺灣的山地仍有原住民栽種水稻與陸

稻的身影，相較於帳面上的栽種成績，授產政策更大的影響或許在於重製了原住民的生活方式吧！

參考文獻

一、官方出版品：

花蓮港廳
  1910-1941　《花蓮港廳報》。花蓮：花蓮港廳。
  1917-1940　《花蓮港廳統計書》。花蓮：花蓮港廳。
  1925-1941　《花蓮港廳管內概況及事務概要》。花蓮：花蓮港廳。
林玉茹
  1999　《臺東縣史 地理篇》。臺東：臺東縣政府。
施添福
  1999　《臺東縣史 大事篇》。臺東：臺東縣政府。
康培德
  2005　《續修花蓮縣志 族群篇》。花蓮：花蓮縣政府。
陳文德
  1999　《臺東縣史 卑南族篇》。臺東：臺東縣政府。
傅君
  1999　《臺東縣史 排灣族與魯凱族篇》。臺東：臺東縣政府。
黃宣衛
  1999　《臺東縣史 阿美族篇》。臺東：臺東縣政府。
黃應貴
  1999　《臺東縣史 布農族篇》。臺東：臺東縣政府。
劉瑩三
  2005　《續修花蓮縣志 自然篇》。花蓮：花蓮縣政府。
臺東廳
  1920-1941　《臺東廳管內概況及事務概要》。臺東：臺東廳。
  1940　《臺東廳統計書》。臺東：臺東廳。
臺灣總督府山地開發調查委員會
  1937　《第一回山地開發調查委員會概況》臺北：臺灣總督府山地開發調查委員會。

臺灣總督府民政部蕃務本署
　　1932-1942　《臺灣蕃社戶口一覽》。臺北：臺灣總督府民政
　　部蕃務本署。
臺灣總督府民政部殖產課
　　1900　《臺東殖民地豫察報文》。臺北：臺灣總督府民政部
　　殖產課。
臺灣總督府殖產局
　　1936-1942　《臺灣農業年報》。臺北：臺灣總督府殖產局。
　　193　《森林計畫事業報告書（上卷）》。臺北：臺灣總督
　　府殖產局。
　　1937　《森林計畫事業報告書（下卷）》。臺北：臺灣總督
　　府殖產局。
臺灣總督府警務局
　　1917-1937　《蕃社戶口》。臺北：臺灣總督府警察本署
　　1935-1942　《高砂族授產年報》。臺北：臺灣總督府警察本
　　署臺灣總督府警務局編，陳金田譯
　　1997　《日據時期原住民行政志稿第一卷》（原名：理蕃誌
　　稿）。南投：臺灣省文獻委員會編印。
　　1997　《日據時期原住民行政志稿第二卷》（原名：理蕃誌
　　稿）。南投：臺灣省文獻委員會編印。
臺灣總督府警務局編，吳萬煌、古瑞雲譯
　　1998　《日據時期原住民行政志稿第三卷》（原名：理蕃誌
　　稿）。南投：臺灣省文獻委員會編印。
臺灣總督府警務局編，吳萬煌譯
　　1999　《日據時期原住民行政志稿第四卷》（原名：理蕃誌
　　稿）。南投：臺灣省文獻委員會編印。
臺灣總督府警務局編，徐國章譯注
　　2005　《臺灣總督府警察沿革誌（第一篇）》中譯本 1。南
　　投：國史館臺灣文獻館。
臺灣總督府警務局理蕃課
　　1936-1941　《理蕃概況》。臺北：臺灣總督府警察本署。
　　1934　《蕃人移住十箇年計畫書》。臺北：臺灣總督府警察
　　本署。

1936-1941　《高砂族授產年報》。臺北：臺灣總督府警察本署。

1937　《蕃地開發調查概要並高砂族所要地調查表》。臺北：臺灣總督府警察本署。

1937　《高砂族調查書 第二編 生活》。臺北：總督府警務局理蕃課。

1938　《既往ノ蕃社集團移住狀況調》。臺北：臺灣總督府警察本署。

2011　《高砂族調查書 第五編 蕃社概況》。臺北：中研院民族學研究所。

臺灣總督府警務局衛生課

1937　《臺灣總督府警察統計書》。臺北：臺灣總督府警務局。

二、專書：

（一）中文

林素珍、林春治、陳耀芳

2005　《原住民重大歷史事件－七腳川事件》。南投：國史館臺灣文獻館。

林明德譯、矢內原忠雄原著

2014　《日本帝國主義下之臺灣》。臺北：財團法人吳三連臺灣史料基金會。

近藤正己

2014　《總力戰與臺灣──日本殖民地的崩潰（上）》。臺北：臺大出版中心。

松岡格

2018　《「蕃地」統治與「山地」行政》。臺北：臺大出版中心。

洪廣冀
　　2018　《林務局委託原住民族轉型正義之國有林土地轉移接收歷程研究計畫成果報告》。臺北：行政院農業委員會林務局。
洪麗完
　　2009　《熟番社會網絡與集體意識：臺灣中部平埔族群歷史變遷（1700-1900）》。臺北：聯經出版事業股份有限公司。
陳正祥
　　1993　《臺灣地誌 下冊》。臺北：南天書局。
陳秀淳
　　1998　《日據時期臺灣山地水田作的展開》。臺北：稻鄉。
楊南郡譯、森丑之助原著
　　2000　《生蕃行腳》。臺北：遠流出版社。
詹素娟
　　2019　《典藏台灣史（二）台灣原住民史》。臺北：玉山社。
溫習昕
　　2016　《日治時期在臺日本警察的原住民書寫：以重要個案為分析對象》。臺北：秀威資訊。
張勝雄譯、青木說三原著
　　2020　《遙想當年台灣：生活在先住民社會的一個日本人警察官的紀錄》。臺東：東台灣研究會。
顏愛靜、楊國柱
　　2004　《原住民族土地發展與經濟制度》。臺北：稻鄉。
賴昱錡
　　2013　《日治時代東台灣阿美人的勞動力釋出》。臺東：東台灣研究會。
藤井志津枝
　　2001　《臺灣原住民史。政策篇》。南投：臺灣省文獻委員會。

（二）日文

岩城龜彥
　　1935　《臺灣の蕃地開發と蕃人》。臺北：理蕃の友發行所。

奧田彧
　　1928　《臺灣農業經營地帶の研究》。臺北：臺北帝國大學農學部。
鈴木作太郎
　　1932　《臺灣の蕃族研究》。臺北：臺灣史籍刊行會。
橋本白水
　　1922　《東臺灣》。臺北：南國出版協會。

三、期刊論文：

（一）中文期刊

王學新、許守明
　　1999　〈日治時期東臺灣地區原住民勞動力之利用〉，《東台灣研究》4：35-72。
吳密察
　　2017　〈蕃地開發調查與「蕃人調查表」、「蕃人所要地調查書」〉，《原住民族文獻》32。
吳秉聰
　　2007　〈佐久間左馬太總督之前期理蕃〉，《北市教大社教學報》6：75-118。
李文良
　　1997　〈林野整理事業與東土地所有權之成立形態（1910-1925）〉，《東台灣研究》2：169-195。
孟祥瀚
　　2002　〈日據初期東台灣的部落改造：以成廣澳阿美族為例〉，《興大歷史學報》13：99-129。
　　2014　〈東台灣國家與族群之歷史研究的回顧〉，《東台灣研究》21：55-74。
林一宏
　　2010　〈從「開山撫番」到「理蕃」：樟腦產業與隘勇線的演變〉，《臺灣博物季刊》107：18-25。

林一宏，王惠君

　　2007　〈從隘勇線到駐在所：日治時期李崠山地區防蕃設施
　　之變遷〉，《臺灣史研究》14(1)：71-137。

林玉茹

　　2000　〈國家在東台灣歷史上的角色〉，《東台灣研究》5：
　　161-170。

　　2002　〈歷史學與區域研究：以東臺灣地區的研究為例〉，
　　《東台灣研究》7：103-133。

施添福

　　2017　〈日本殖民主義下的東部臺灣—第二臺灣的論述〉，
　　《臺灣風物》67(3)：57。

洪廣冀

　　2004　〈林學、資本主義與邊區統治：日治時期林野調查與
　　整理事業再思考〉，《臺灣史研究》11(2)：77-144。

　　2019　〈從「本島森林的主人翁」到「在自己的土地上流浪」：
　　臺灣森林計劃事業區分調查的再思考（1925-1935）〉，《臺
　　灣史研究》26(2)：43-111。

張靜宜

　　2009　〈臺灣拓殖株式會社栽植「國策作物」之分析〉，《黃
　　埔學報》56：91-104。

張耀宗

　　2014　〈知識轉型：日治時期原住民族農業知識的轉變〉，
　　《台灣原住民族研究季刊》7(1)：61-83。

黃唯玲

　　2012　〈日治時期平地蕃人的出現及其法律上待遇
　　（1895-1937）〉，《臺灣史研究》19(2)：99-150。

鄭安晞

　　2012　〈日治時期隘勇線推進與蕃界之內涵轉變〉，《中央
　　大學人文學報》50：131-208。

葉高華

　　2016　〈從原住民族分布圖談起〉，《人文與社會科學簡訊》
　　17(4)：19-26。〈分而治之：1931-1945年布農族與泛泰雅族
　　群的社會網絡與集團移住〉，《臺灣史研究》23(4)：123-172。

2017 〈從山地到山腳：排灣族與魯凱族的社會網絡與集體遷村〉，《臺灣史研究》24(1)：125-170。

顧雅文

2011 〈日治時期臺灣的金雞納樹栽培與奎寧製藥〉，《臺灣史研究》18(3)：47-91。

（二）日文期刊

山內朔郎

1936 〈產業指導所と農業講習所との使命〉，《理蕃の友》5(10)：1。

井上英

1932 〈臺灣に於ける警察当面の問題〉，《臺灣警察時報》1：1。

中村生

1936 〈蕃社の併合と防蚊裝置〉《理蕃の友》5(6)：1。
〈移住集團地の標高〉《理蕃の友》5(5)：1。

不著撰人

1932 〈理蕃上より見たる蕃地マラリア防遏の立場〉，《理蕃の友》1(9)：1。

1933 〈友部警務局長訓示〉，《理蕃の友》2(1)：2。

1936 〈青年團幹部授產講習會〉，《理蕃の友》5(3)：2。
〈陸稻、粟の品種改良五年計畫〉，《理蕃の友》5(3)：4。

1938 〈時局下に於ける授產打合會〉，《理蕃の友》7(5)：3。

1939 〈高砂族授產指導要目成る〉，《理蕃の友》8(5)：1。
〈奧蕃進化の過程（高雄州ライブアン社）〉，《理蕃の友》9(10)：3。

1941 〈內本鹿ブヌン族の凶行〉，《理蕃の友》10(4)：2。

平澤生

1932 〈蕃地適作物の解說（二）〉，《理蕃の友》1(10)：1。

〈蕃地適作物の解説（三）〉，《理蕃の友》1(11)：1。
1933　〈蕃地適作物の解説（五）〉，《理蕃の友》2(1)：1。
〈蕃地適作物の解説（八）〉，《理蕃の友》2(4)：1。
〈蕃地適作物の解説（九）〉，《理蕃の友》2(8)：2。
1934　〈蕃地と除蟲菊〉，《理蕃の友》3(9)：2。
1936　〈教育と授産〉，《理蕃の友》5(3)：1。

平澤龜一郎
1932　〈蕃地適作物の解説〉，《理蕃の友》1(9)：4。

穴澤顯治
1931　〈蕃人移住集團政策と「マラリア」問題（一）〉，
《臺灣時報》143：20-28。

竹澤誠一郎
1932　〈蕃地農村は如何に集團行程せしむべきか〉，《理
蕃の友》1(5)：2。
1936　〈蕃地に於ける農業講習所の實際〉，《理蕃の友》
5(12)：1。
1934　〈蕃屋の改造と蕃社の配列〉，《理蕃の友》3(2)：1。

坂田總平
1934　〈水田稻作の指導に就て〉，《理蕃の友》3(3)：2。

花蓮港廳調查
1926　〈花蓮港廳下の理蕃概況〉，《東臺灣研究》18：20。

岩城龜彥
1931　〈臺灣の蕃地開發調查に就て〉，《臺灣農事報》293：
13。
1932　〈蕃地開發調查方法の變更に就て〉，《理蕃の友》
1(3)：1。
1933　〈蕃地に於ける水稻耕作上の新傾向〉，《理蕃の友》
2(1)：2。
1934　〈蕃人食糧問題と陸稻作（上）〉，《理蕃の友》3(6)：
2。
〈蕃人食糧問題と陸稻作（下）〉，《理蕃の友》，
3(7)：5。

1940　〈蕃地調查事業を終りて〉，《理蕃の友》9(5)：2。
桝屋生
1935　〈蕃地マラリア防遏の効果〉《理蕃の友》4(12)：1。
森千年
1934　〈授產の現況に就て〉，《理蕃の友》3(1)：1。
福永生
1941　〈蕃地水稻栽種改良の己見（一）〉，《理蕃の友》
10(6)：3。
　　　〈蕃地水稻栽種改良の己見（二）〉，《理蕃の友》
10(7)：1。
奧田或
1934　〈臺灣蕃人の農業經營に關する私見〉，《臺灣農事
報》332：2-35。
齋藤康彥
1940　〈生產拡充を図れ〉，《理蕃の友》9(3)：1。
横尾生
1934　〈蕃人指導精神と現地職員の態度に就て〉，《理蕃
の友》3(12)：1。

四、研討會論文：

石丸雅邦
2009　〈蕃地調查員與臺北帝國大學高砂族研究員〉，收於
行政院原住民族委員會主編，《全國原住民族研究論文集》，
頁 1-8-1-1-8-31。臺北：行政院原住民族委員會。
2010　〈琉球人理蕃警察職員〉，國立政治大學原住民族研
究中心主編，《第三屆臺日原住民族研究論壇論文集》，臺
北：國立政治大學原住民族研究中心。
郭俊麟
2010　〈集團移住政策下花蓮港廳蕃社人口分布的時空考察
－兼論歷史 GIS 在花蓮學研究的可能性〉，《第三屆花蓮學
研討會》，花蓮：花蓮縣政府。

詹素娟

　　2015　〈歷史中的原住民土地問題〉，監察院主編，《104
年原住民族土地權利保障研討會》，頁 41-61。臺北：監察
院。

五、學位論文：

李文良

　　2001　〈帝國的山林--日治時期臺灣山林政策史研究〉。臺
北：國立臺灣大學歷史學研究所博士論文。

李宜憲

　　2011　〈東台灣日本統治體制的建立與原住民的民族發展〉。
臺北：國立政治大學民族學系博士論文。

李敏慧

　　1997　〈日治時期臺灣山地部落的集團移住與社會重建--以
卑南溪流域布農族為例〉。臺北：國立臺灣師範大學地理學
研究所碩士論文。

李靜慧

　　2013　〈從贈禮到封鎖：日治初期臺灣總督府對北部山區原
住民的認識與控制（1895-1909）〉。臺北：國立臺灣大學歷
史學系碩士論文。

林一宏

　　2017　〈日本時代臺灣蕃地駐在所建築之體制與實務〉。桃
園：中原大學設計學博士學程博士論文。

林素珍

　　2003　〈日治後期的理蕃--傀儡與愚民的教化政策
（1930-1945）〉。臺南：國立成功大學歷史學研究所博士論
文。

石丸雅邦

　　2008　〈台灣日本時代的理蕃警察〉。臺北：國立政治大學
政治學研究所博士論文。

胡曉俠

　1995　〈日據時期理蕃事業下的原住民集團移住之研究〉。
　桃園：中原大學建築（工程）學系碩士論文。

施聖文

　2003　〈劃界的政治：山地治理下的傳統領域，1895-2005〉。
　臺中：東海大學社會學研究所博士論文。

張則民

　2010　〈建構原住民族傳統領域制度之研究〉。臺北：國立
　政治大學地政研究所碩士論文。

張雅綿

　2012　〈失衡的森林：戰時體制下的太魯閣林業開發
　（1941-1945）〉。臺北：國立臺灣師範大學臺灣史研究所碩
　士論文。

潘繼道

　2005　〈國家、區域與族群-臺灣後山奇萊地區原住民族群的
　歷史變遷（1874-1945）〉。臺北：國立臺灣師範大學歷史研
　究所博士論文。

藤井志津枝

　1986　〈日據前期台灣總督府的理蕃政策〉。臺北：國立臺
　灣師範大學歷史學研究所博士論文。

鄭安睎

　2000　〈布農族丹社群遷移史之研究（1930-1940 年）〉。
　臺北：國立政治大學民族學系碩士論文。

　2010　〈日治時期蕃地隘勇線的推進與變遷（1895~1920）〉。
　臺北：國立政治大學民族學系博士論文。

顏秉倫

　2017　〈由「化外」到「實土」：以清末、日治時期東臺灣
　的理蕃道路為中心〉。嘉義：國立中正大學歷史學研究所碩
　士論文。

六、地圖：

1. 1916-日治蕃地地形圖-1:50,000，中央研究院 WMTS 服務網址：
http://gis.sinica.edu.tw/tileserver/wmts
2. 1914-日治官有林野圖（花蓮港廳），中央研究院 WMTS 服務網址： http://gis.sinica.edu.tw/tileserver/wmts
3. 1914-日治官有林野圖（臺東廳），中央研究院 WMTS 服務網址：
http://gis.sinica.edu.tw/tileserver/wmts
4. 1930-日治街庄圖，數化日治時期行政街庄花蓮港廳與臺東廳行政範圍，中央研究院 WMTS 服務網址：
http://gis.sinica.edu.tw/tileserver/wmts

七、網路資料庫：

1. 《臺灣總督府檔案》(http://ds3.th.gov.tw/ds3/app000/)
2. 《臺灣史檔案系統》(http://tais.ith.sinica.edu.tw)
3. 《台灣歷史文化地圖》 (http://thcts.ascc.net/kernel_ch.htm)
4. 《日治時期圖書影像系統》
   (http://stfb.ntl.edu.tw/cgi-bin/gs32/gsweb.cgi/ccd=kFu.6R/main?db=webmge&menuid=index)
5. 《日治時期期刊影像系統》
   (http://stfj.ntl.edu.tw/cgi-bin/gs32/gsweb.cgi/ccd=4UX26S/main?db=webmge&menuid=index)

東台灣叢刊 之十七

日治時期理蕃政策研究：以東臺灣「集團移住」與「蕃地稻作」為例

作　　者：何佳龍
主　　編：蔡政良
編輯委員：方鈞瑋、李玉芬、張溥騰、陳鴻圖、葉淑綾、潘繼道、
　　　　　戴興盛
執行編輯：李美貞
封面設計：莊詠婷

出　　版　財團法人東台灣研究會文化藝術基金會
　　　　　臺東市豐榮路 259 號　　　　　　Tel：（089）347-660
　　　　　　　　　　　　　　　　　　　　Fax：（089）356-493
　網　　址　http://www.etsa-ac.org.tw/
　E-mail　easterntw3@gmail.com
　劃撥帳號　0 6 6 7 3 1 4 9
　戶　　名　財團法人東台灣研究會文化藝術基金會

代 售 處　三民書局股份有限公司
　　　　　　臺北市重慶南路一段 61 號　　　　Tel：02-23617511
　　　　　台灣乀店
　　　　　　臺北市新生南路三段 76 巷 6 號　　Tel：02-23625799
　　　　　南天書局
　　　　　　臺北市羅斯福路三段 283 巷 14 弄 14 號　Tel：02-23620190
　　　　　麗文文化事業
　　　　　　高雄市苓雅區五福一路 57 號 2 樓之 2　Tel：07-3324910
　　　　　友善書業
　　　　　　新竹市東區光復路一段 459 巷 19 號　Tel：03-5641232
出版日期　中華民國 111 年 2 月
定　　價　300

本會出版品 一覽表

國家圖書館出版品預行編目(CIP)資料

日治時期理蕃政策研究：以東臺灣「集團移
住」與「蕃地稻作」為例/何佳龍著. -- 臺東市：
財團法人東台灣研究會文化藝術基金會，民
111.02
　　面 ；　　公分. -- (東臺灣叢刊 ; 17)
ISBN 978-986-90645-7-6(平裝)

1.CST: 臺灣史　2.CST: 臺灣原住民族
3.CST: 殖民政策　4.CST: 農業政策

733.28　　　　　　　　　　　　111002242